건축가의 엽서

네모 속 시간여행

KB191558

저자 소개

손장원

그림엽서와 도상(圖像)자료를 중심으로 근대건축을 연구한다. 인하대에서 건축을 배우고 설계
사무소, 인천시립박물관을 거쳐 인천재능대 교수로 재직 중이다. 저서로는 『손장원의 다시 쓰는
인천근대건축』(2006), 『문화재가 된 인천근대건축』(2020), 『어반 셸』(2020, 공저)이 있다.

건축가의 엽서
네모 속 시간여행

초판 1쇄 발행 2021년 12월 10일
초판 2쇄 발행 2022년 3월 7일
초판 3쇄 발행 2022년 10월 17일

지 은 이 손장원
윤   문 김은실
일러스트 조유미
기   획 인천문화재단 인천문화유산센터
펴 낸 이 최종숙
펴 낸 곳 글누림출판사

책임편집 이태곤 | **편집** 권분옥 임애정 강윤경
디 자 인 안혜진 최선주 이경진 | **마케팅** 박태훈 안현진

주소 서울시 서초구 동광로46길 6-6 문창빌딩 2층 (우06589)
전화 02-3409-2055(대표), 2058(영업), 2060(편집)
팩스 02-3409-2059 | **전자우편** nurim3888@hanmail.net
홈페이지 www.geulnurim.co.kr
블로그 blog.naver.com/geulnurim
북트레블러 post.naver.com/geulnurim
등록번호 제303-2005-000038호 (2005.10.5)

정가는 뒤표지에 있습니다.
ISBN 978-89-6327-656-4 04910
      978-89-6327-545-1 (세트)

역사의 길

07

네모 속 시간여행

건축가의 엽서

지금도 옛 모습을 간직한 채 남아있는 이 건물에서는 실, 옷감, 석유, 화장품 등을 판매했다.

손장원

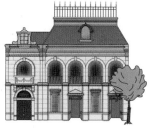

조선최고의 부자 1,018명에 들었던 아키다는 서양식 건물을 세우고 야심차게 여러 가지 사업에 손을 댔지만, 연이은 해운사고로 파산하고 건물도 다른 사람에게 넘어갔다.

무진회사는 일본인들끼리 사업을 융통할 목적으로 운영되던 무진강無盡講이 그 기원이다. 운영 방식이 우리의 계契와 유사하다.

社仕奉

RESTAURANT

金波

모던의 상징이자 인천의 랜드마크였던 금파. 서양요리와 커피는 물론 빙수와 같은 디저트를 팔았고 음식배달 서비스도 제공하던 금파는 예기와 유명배우의 출연이 이어지던 소비중심의 대중문화공간이었다.

글누림

근대로 가는 타임머신; 그림엽서

가로 14㎝, 세로 9㎝ 크기의 때 묻고 해진 종잇조각. 그저 폐지 조각 같던 네모에는 100년 전 이 땅에서 벌어진 삶의 모습이 담겨 있었다. 그림엽서에 담긴 도상과 문자의 기록을 맞추니 이 건물에 는 누가 살았고, 거기에선 무슨 일이 있었다고 알려줬다. 무심코 걷던 거리에는 어떤 이의 희열과 눈물이 배어 있다는 사실도 깨달 았다.

엽서에 등장하는 미지의 공간은 잠들어 있던 나의 호기심을 깨 우기에 충분했다. 눈앞에 펼쳐진 세계를 알기 위한 탐험에 나섰 다. 그림엽서 속 이미지와 유사한 자료에서 잘려나간 장면을 찾 아 씨줄과 날줄을 엮고, 지도, 문헌, 신문기사를 검색해 부족한 부 분을 메워나갔다. 사진 속 공간과 현재의 공간을 일치시키기 위해 답사도 게을리 하지 않았다. 그림엽서 속 장소가 특정되지 않으면 사진을 크게 출력해 거리를 걸으며 퍼즐을 맞췄다.

틈틈이 자료수집도 계속했다. 2006년에 발간한 '다시 쓰는 인천 근대건축' 저술기간에 엽서 수집을 시작했으니, 그새 15년이 넘었 다. 인천자료를 중심으로 전국 주요도시의 엽서를 모았다. 필자의 그림엽서 수집수준은 기간이나 수량에서 다른 수집가에 비해 턱없이 부족하지만, 소장보다 공유에 마음을 두었다. 수집한 엽서를 살피고, 다른 자료와 비교분석한 내용은 SNS를 통해 대중과 공유해왔다. 작년부터는 인천광역시립박물관이 발간하는 박물관 소식지에서 좀 더 상세하게 다뤘다. 다른 사람들과의 공유는 엽서를 보는 시각을 넓혀주었고, 때로는 오류를 검증하는 과정이 되기도 했다.

우리의 근대는 낭만이 넘치던 모던이 아니다. 예쁘장한 장식이 달린 근대는 더욱 아니다. 실체로서의 근대에 다가가고 싶었다. 엽서에 등장하는 건물에 살았거나 회사를 운영했던 일본인들의 모습을 가감없이 보려했다. 한때 인천의 주류였던 그들의 모습을 객관적으로 관찰할 시기가 되었다고 생각했기 때문이다. 약관의 나이에 미지의 땅에 정착한 일본인은 일제의 전령사로 우리를 착취했던 사람인 동시에 근대문물의 전달자였다. 어떤 이는 수레에서 떨어지는 나락을 줍던 가난한 여인을 고발했고, 또 다른 어떤 이는 목욕탕이 부족한 조선인을 위해 거금을 회사하기도 했다.

그림엽서는 우리를 근대로 이끄는 타임머신이다. 그림엽서에 담긴 사진도 연출한 장면이 존재하고, 촬영자의 의도에 따라 사실이 바뀌기도 하지만, 문자보다는 객관성이 높다. 사진에는 촬영자가 의도하지 않았던 정보도 포함되어 있어 근대의 모습을 보다 사실에 가깝게 이해하는 데 도움을 준다. 그림엽서만큼 생생하고 다양하게 근대를 기록한 자료는 찾기 어려울 것 같다.

그림엽서를 해석하는 작업은 특정영역에 한정되지 않는다. 필자는 건축지식을 바탕으로 도시의 공간적 특성과 건축적 의미를 읽고 해석했을 뿐이다. 그림엽서를 이용해 근대의 모습을 추출해

내는 작업은 학제간 협업이 절대적이다. 여러 분야에서 다양한 시도가 진행되길 소망한다.

그간 터득한 엽서를 읽는 방법과 구체적 사례를 이 책에 기록했다. 당시의 시대상황에 좀 더 가깝게 다가서기 위해 사용한 많은 일본어 표기가 불편한 독자도 있을 것이다. 그리고 근대 인천의 모습이 담긴 그림엽서를 중심으로 전개한 글이라 다른 고장에 사는 독자는 쉽게 이해하기 어려운 부분도 있을 것이다. 일본인이 만든 자료와 구체적인 장소에 대한 공간정보를 읽어낸 결과가 안고 있는 한계이다. 여러모로 부족한 글이지만, 이 책이 근대도시를 보다 깊이 이해하는 데 도움이 되길 바란다.

2장 그림엽서 독해

3장 그림엽서로 본 도시공간

우편물 구실을 하기 위해 탄생한 엽서는 전혀 예상치 못한 업적을 남긴다.
그건 바로 '근대문화'의 시작점이 된 것. 귀족계급이나 지배계층의 전유물이던
'예술'에서 사람들이 일상적으로 즐기고 교감하는 '문화'로 이행하던 시작점,
근대문화의 서막을 연 것은 다름 아닌 엽서였다.

그림엽서
이야기

엽서, 근대문화의 서막을 열다

봉투 없이 글을 써서 소식을 전하기 위해 고안된 네모 모양의 두꺼운 종잇조각. 우리가 '엽서'라 부르는 이 문물이 처음 등장한 건 19세기 말 유럽에서였다. 단순히 우편물 구실을 하기 위해 탄생한 이 엽서는 전혀 예상치 못한 업적을 남긴다. 그건 바로 '근대문화'의 시작점이 된 것. 귀족계급이나 지배계층의 전유물이던 '예술'에서 사람들이 일상적으로 즐기고 교감하는 '문화'로 이행하던 시작점, 근대문화의 서막을 연 것은 다름 아닌 엽서였다.

엽서는 발행 주체에 따라 정부 기관이 발행하는 관제엽서와 민간이 만드는 사제엽서로 나뉜다. 또 다른 구분법은 우편요금이 인쇄된 통상엽서와 우표를 사서 붙여야 하는 일반엽서로 분류하는 것인데, 사제엽서는 대부분 일반엽서였다.

관제엽서와 사제엽서 가운데 딱히 어느 쪽이 먼저 등장했다고 말하기는 애매하다. 초창기부터 엽서는 관제엽서와 사제엽서가 함께 쓰였기 때문이다. 다만, 앞면에 그림이나 사진을 넣은 형태를 먼저 만들기 시작한 건 사제엽서 쪽이었다. 관제엽서는 디자인이 획일적이었던 반면, 사제엽서는 만드는 사람의 취향이나 안목, 실력이 자유롭게 반영되어 다양한 형태로 제작되었다. 밋밋한 관제엽서보다는 다채로운 사제엽서를 찾는 이가 더 많은 건 당연한 일. 그러자 각국 정부는 사제엽서를 제도권 안으로 끌어들인다. 사제엽서를 인정하면서 크기와 무게를 가로 $136.4mm$~$142.4mm$, 세로 $84.9mm$~$90.9mm$, 중량 3g 이하로 규정해, 관제엽서와 비슷한 형태로 제작하게 했다.

엽서, 그림을 입다

백지로 남겨졌던 엽서 한쪽 면에 어느 순간부터 그림이나 사진이 더해졌다. 그러자 사람들은 엽서를 우편물로만 소비하지 않았다. 수집품이나 기념품으로 엽서를 구매하는 손길이 많아진 것이다. 이렇다 할 눈요깃거리가 없던 그 시절, 엽서를 장식한 그림과 사진은 대중의 눈을 사로잡는 훌륭한 시각 매체였다. 도심 속 번화가마다 엽서 가게가 들어섰고 다양한 종류의 엽서가 활발하게 판매되었다. 단박에 엽서판매업은 유망업종으로 떠올랐다. 우체국에서 팔려나가는 엽서의 양도 상당했다.

그림이나 사진이 들어간 엽서 혹은 그림과 사진이 함께 들어간 엽서를 부르는 공식 명칭은 따로 정해진 바가 없다. 그래서 몇 가지 명칭이 혼용되는데, 이 책에서는 '그림엽서'라 부르기로 한다. 그림엽서가 사진엽서보다 범위가 넓은데다 더 먼저 제작됐으니 '그림엽서'로 통칭하는 것이 합리적일 것이다.

19세기 말, 그림엽서의 등장은 평소 시각 매체를 쉽게 접할 수 없었던 일반인들에게 엄청난 충격으로 다가갔다. 그림엽서를 통해 형성된 시각적 경험의 공유는 문자로만 공유하던 것과는 전혀 다른 차원의 경험이었다. 때마침 불어온 관광 열풍도 그림엽서가 대중문화의 한 줄기로 자리 잡는 데 한몫했다.

사진이나 그림 없이 단순한 모양이던 엽서에 처음으로 그림을 넣기 시작한 나라는 독일이었다. 1870년의 일이다. 밋밋하던 엽서가 맨 처음 그림을 담게 된 데에는 어떤 사연이 있었을까. 이에 관해서는 명확하게 검증된 바가 없다. 다만 몇 가지 설이 전해오는데, 독일의 출판업자 슈바르츠가 최초로 그림엽서를 제작했다는 설이 현재로서는 가장 유력해 보인다. 1870~1871년 프로이센과 프랑스 간에 전쟁이 한창일 때, 슈바르츠가 전쟁터에 나간 자국의 병사들을 위로하기 위해 그림엽서를 만들었다는 것이다.

1891년 프랑스에서는 사진을 인쇄한 엽서가 등장했다. 또한 독일의 주창으로 1874년에 설립된 국제기구 만국우편연합의 등장은 엽서에 날개를 달아주었다. 이 무렵부터 유럽에서는 엽서발행량이 폭발적으로 늘어나는데, 1900년대 초반 독일에서는 어느 한 해에만 10억 장에 이르는 엽서를 발행하기도 했다.

하지만 이때까지도 엽서의 진짜 전성기는 아직 열리지 않았다. 엽서의 전성기는 1906년, 만국우편연합이 그림엽서의 규격을 제시하면서 본격적으로 시작됐다.

제작 배경이 어떻든 19세기에 제작된 그림엽서는 그 시대를 연구하는 귀중한 자료로서 충분한 가치가 있다. 물론 그 시절 그림엽서에 담긴 사진 가운데에는 연출된 장면도 많았을 것이고 촬영자의 의도에 따라 사실을 왜곡했을 가능성도 있지만, 문자로 남겨진 기록에 비하면 더 객관적이다. 그림엽서는 마치 '미개봉 타임캡슐'처럼 그동안 우리가 미처 발견하지 못한 수많은 정보를 품고 있다.

알레베크가 뿌린 48장의 씨앗

우리나라에 엽서가 등장한 건 1900년 무렵이었다. 샤를 알레베크(Charles Aleveque). 한국 이름 안례백(晏禮百). 구한말 우리나라에서 활동했던 프랑스인이다. 1897년 10월 무역업자로 한반도에 발을 디딘 그는, 대한제국과 프랑스 사이에서 여러 가지 역할을 했다. 대한제국 정부가 무기를 구매할 때도 관여했고, 프랑스와 차관을 협상할 때는 대한제국 정부 측 대리인으로 임명돼 프랑스로 파견되기도 했다. 그는 또 한성 외국어학교에서 프랑스어 교사를 맡기도 했다. 우리나라 최초의 불한사전인 『법한자전(法韓字典)』을 편찬한 이도 그였고, 우리나라 최초의 그

Séoul (Corée)

9. — Coréens allant puiser de l'eau. (Vue prise à Chemulpo.)

알네픽쇼엽국그쓰셔울듸한

▲ [그림 1-1] 인천의 모습이 담긴 알레베크 그림엽서.

림엽서 역시 알레베크의 손에서 태어났다.

1900년 파리에서 열린 엑스포에 그는 대한제국 정부 대리인으로 참가한다. 이때 우리 궁궐과 풍속을 촬영한 사진을 가져가 엽서로 제작했는데, 이것이 우리나라 최초의 그림엽서 '알레베크 그림엽서'다. 총 48장으로 구성된 이 엽서는 프랑스 현지에서 초콜릿이나 비누, 화장품 등을 팔 때 끼워주거나 파리 엑스포에서 한국관의 기념품으로도 판매됐다.

그는 물론 엽서를 제작하기에 앞서 대한제국 정부의 허락을 구했다. 그런 면에서 '알레베크 그림엽서'는 관제엽서였다고 할 수 있다. 엽서의 왼쪽 위편에는 'Séoul(Corée)'라는 프랑스어가 새겨져 있고, 사진 아래쪽에는 엽서번호와 사진 설명이 있다. 사진 오른편에는 '알네빅스 법국 교사 셔울 듸한'이라고 수기로 쓰인 한글을 볼 수 있는데 그 모습이 우리에겐 익숙한 듯 낯설다.

알레베크의 그림엽서 48장 가운데 딱 한 장, 당시 인천의 모습을 담은 엽서가 있다. 프랑스어로 '9. – Coréens allant puiser de l'ean.(Vue prise à Chemulpo. – 물을 긷는 한국인 (제물포 모습))'라고 인쇄된 이 한 장의 엽서가, 현재까지 전해오는 인천을 담은 그림엽서 가운데 가장 오래된 것이다. 프랑스어로 표기된 'Chemulpo'라는 활자가 사진 속 장소가 인천임을 분명하게 말해주고 있다.

알레베크의 그림엽서가 제작되던 그해, 우리 정부가 발행한 최초의 엽서도 제작되었다. 1900년 5월 10일 대한제국 농상공부는 우편요금 1전짜리 엽서를 발행한다. 그림은 없고 우편요금이 인쇄된 통상엽서였다. 다음 해 2월 1일, 전환국에서도 엽서를 발행했다. 이 역시 그림이 없는 통상엽서였다. 이 무렵 민간이 만든 그림엽서도 등장했다. 『황성신문』 1901년 12월 6일자에는 '옥천당 사진관'이라는 이름으로 그림엽서 발매 광고가 실렸다.

대한해협을 건넌 일본인 엽서업자들

일본에서는 1900년에 사제엽서 발행이 허가되면서 그림엽서가 활발하게 제작되었다. 청일전쟁과 러일전쟁에서 잇달아 승리해, 일본인들의 자긍심이 한껏 높아졌던 무렵이었다. 그들의 시선은 일본 열도를 벗어나 해외로 확장되었고 실제로 해외여행을 가는 사람이 늘면서 여행지에서 구매한 엽서를 주변에 선물하는 풍조가 생겨났다. 그러면서 다양한 사진이 엽서에 담겨 일본 각지로 팔려나갔다. 그중에서도 한반도의 모습을 담은 그림엽서는 인기가 꽤 많은 품목 중 하나였다. 러일전쟁 이후 자국의 영향 아래 놓인 조선에 일본인들의 관심이 높아졌기 때문이다.

1904년 러일전쟁이 일본의 승리로 끝이 나고 수많은 일본인이 우리나라로 몰려왔는데, 이들 가운데는 당시 일본에서 선풍적인 인기를 끌던 그림엽서 사업을 위해 도항한 이들도 있었다.

1904년 엽서 가게에는 보통 2~3인의 점원이 근무하였으며, 하루 매상은 4~5원 정도였다고 한다. 그림엽서점 한 군데를 여는데 드는 개업자본은 2~3백 원 가량이었다. 그렇다면 당시 우리나라에서는 엽서판매업이 어느 정도의 위치를 차지했을까. 이점은 『조선신문』 기사를 통해 가늠할 수 있다. 인천에서 출발해 조선 전역으로 지국망을 확대하며 전국지를 지향했던 『조선신문』은 1911년 '직업탐색' 코너를 만들어 그 시절 조선의 유망업종을 소개했는데, 인천의 그림엽서점도 이 코너에서 다뤄졌다. 이 기사에 따르면 1908년 무렵 한 해 동안 팔리는 엽서는 5~6만 매, 1910년부터는 20만 매를 넘었다고 한다.

1909년부터 인천의 엽서점들은 인천을 넘어 한반도 전역의 풍경이나 역사적인 장면을 엽서에 담기 시작했다. 서울에 있는 엽서점들은 인천보다 한발 앞서서 그런 움직임이 있었다. 그러나 실제로 현장을 찾아가서 촬영하는 경우는 드물었다. 당시에는 교통도 불편한데다 촬영 장비 규모도 만만치 않아 이동하는데 많은 제약이 있었기 때문이다. 이러한 현실적 문제로 여러지방의 실제 모습을 담지는 못하고, 인천을 촬영한 사진에 '인천' 대신 '조선'이라는 글자를 찍어 넣어 발행한 엽서가 많았다.

다음 두 장의 [그림 1-2] 그림엽서를 보자. 하단에 인쇄된 '조선 인천곡물 두량장 광경(朝鮮仁川穀物斗糧場の光景)'과 '조선풍속 곡물시장(朝鮮風俗 穀物市場)'이란 글자만 보면 서로 다른 장소에서 촬영한 것 같지만, 자세히 보면 같은 날 같은 장소에 카메라를

A Korean Mete of Corn at Chemulpo, Korea. 朝鮮仁川港穀物計量の光景

MARKET OF CORN IN COREA. 朝鮮風俗穀物市場

▲ [그림 1-2] 인천항 부두에서 이뤄지던 벼 계량광경으로 두량군이 볏가마를 풀어 무게를 단 다음 다시 포장하는 중이다.

고정하고 셔터를 누른 시각만 다르다는 것을 알 수 있다. 사진 속 좌우의 건물 모습이 '같은 장소'와 '같은 각도'에서 촬영했음을 말해준다. ∨와 화살표로 표시한 사람들처럼 두 엽서 속에서 동일 인물도 여럿 찾아낼 수 있다.

당시 국내에서는 풍경이나 풍속을 담거나 러일전쟁 같은 역사적 사실을 기록한 엽서들이 잘 팔렸다. 일제가 식민지경영으로 이룬 성과라며 내세운 축항 공사 현장을 찍은 엽서나 시정(施政)기념엽서도 인기가 많았다. 관광객이 늘어난 것도 엽서 판매량 증가를 가져온 요인이었다. 관광객들은 마치 정해진 규칙이라도 있는 듯 여행지에서 그림엽서나 풍경을 담은 사진, 토산품을 구매했고 그렇게 구매한 그림엽서에 안부를 적어 가족이나 친지에게 보내는 게 유행이었다.

흥미로운 점은 당시엔 엽서가 시사 매체의 역할도 했다는 것이다. 인쇄술이 발달하면서 어떤 사건이 일어나면 그 모습을 담아 수일 안에 엽서를 발행하는 것이 가능해졌다. 1910년 8월에 열린 '일한병합기념축하회(日韓併合紀念祝賀會)' 광경을 야간에 촬영한 사진으로 만든 그림엽서가 다음 날 상점에서 판매될 정도였다. 발행 속도가 당시 일간지를 능가할 정도로 빨랐다.

그 시절 일본인들은 그림엽서에 관한 관심과 사랑이 유별났다. 심지어는 관동대지진이나 대홍수가 일어났을 때도 다른 지방 사람들이 현장의 참혹함을 카메라로 담아 엽서로 만들어 판매했다. 우리 민족에게는 치욕적이었던 '일제 강점'도 그들에게는 그림엽서에 담기 좋은 소재였다.

　이처럼 엽서에 열광했던 일본인에 비하면 조선인은 엽서에 큰 관심이 없었다. 우리나라에서 발행되었거나 우리나라를 소재로 한 그림엽서가 본격적으로 제작된 시기는 1906~1925년. 그중에서도 1906년~1912년에 발행된 엽서가 가장 많다. 이 무렵에 우리 땅에 정착한 일본인 제작자에 의해 우리나라의 그림엽서가 대중화되었다고 해도 과언이 아니다. 일본에서처럼 그림엽서가 대중의 뜨거운 관심거리는 아니었지만, 일제강점기 우리나라 주요 도시에는 그 도시를 대표하는 엽서 가게가 하나씩은 있었다. 서울(중구 명동2가)의 '히노데(日之出) 상행', 부산(중구 광복동 1가)의 '나니와야(浪花屋)', 원산의 '카이지(海時) 상회'가 대표적이다. 대부분이 행인의 눈에 잘 띄는 사거리에 있었다(인천 시부카와 엽서점은 가로 중간에 위치)는 특징이 있다. 그림엽서만 단독으로 취급하지는 않았고 문방구를 판매하는 문구점을 겸하거나 토산품을 함께 팔기도 했다.

　조선에서 가장 많은 엽서를 발행한 히노데(日之出)상행은 시이키 우노스케(椎木宇之助)라는 일본인이 세운 상점인데 그림엽서와 함께 문방구를 판매했다. 1904년 서울로 온 시이키는 처음엔 잡화상을 했었다. 그러다 얼마 지나지 않아 국화 문양 스탬프 날인(菊花御紋章印)이 유행하자 그림엽서 판매업이 유망하다고 예견하고 그림엽서점 겸 문방구점을 열었다. 그의 예견대로 장사가 무척 잘 됐다. 시이키는 1921년에 개관해 해방 무렵까지 영업하던, 지금의 충무로에 들어서 있던 경성극장 주주이기도 했다.

지역을 대표하는 갤러리이자 아트숍이었던 엽서점은 1920년대에 접어들면서 점차 퇴조한다. 1930년대까지는 명맥을 이어갔고, 1940년대에 접어들어 자취를 감추기 시작했다. 이는 카메라의 등장 시기와 맞물린다. 사람들이 쉽게 가보지 못하는 장소나 외국의 풍광을 담아 대중의 호기심을 채워주고 눈요깃거리를 제공하던 그림엽서는 조금씩 카메라에 그 역할을 내주게 된다. 이러한 시대적 흐름에 발맞추기 위해 인천지역 엽서점들이 변화를 꾀한 흔적들도 남아있다. 인천의 '시부카와' 엽서상점은 매일신보가 주최하는 인천 해수욕장 행사에서 한쪽에 임시암실을 설치하여 카메라를 가지고 온 관광객이 무료로 사용할 수 있도록 했다.

그런데 카메라의 대중화는 그림엽서만 위협하는 게 아니었다. 일본 제국에도 위협이 될 만한 소지를 안고 있었다. 카메라를 소유한 사람이 는다는 것은 각종 정보가 적국으로 흘러 들어가는 통로가 사방에서 늘어난다는 의미이기도 했기 때문이다. 이를 방지하기 위해 인천 헌병분견대는 월미도나 송도 같은 유원지를 찾는 관광객의 무분별한 사진 촬영을 금지했다. 사진 촬영 시 주의사항을 담은 홍보물을 배포하고 위반자는 처벌하는 등 강력하게 조치했다. 특히 높은 곳이나 촬영 금지구역에서 촬영하는 행위를 적극적으로 막았다.

일제는 사람들의 무분별한 촬영을 막기 위해 언론매체를 활

▲ [그림 1-3] 인천 시부카와 엽서점 내부를 촬영해 만든 그림엽서.

▲ [그림 1-4] 엽서점이 등장하는 그림엽서. 윗줄 왼쪽은 서울(⌂), 윗줄 오른쪽은 부산(⌂), 아랫줄 왼쪽은 원산(⌂), 아랫줄 오른쪽은 일본 요코하마의 대표 엽서점(⌂).

용하기도 했다. 동아일보 1929년 6월 7일 자에는 '고소(高所)로 부터의 사진 촬영에 엄벌'이라는 제목을 단 기사가 실렸고, 조선일보 1939년 6월 6일 자 3면에서는 '항도 인천에서 사진 촬영을 금지'라는 제목의 기사를 볼 수 있다. 중국과 전쟁 중이던 일제의 민간통제가 극심해지던 시기에 이뤄진 조치였다.

일제는 그림엽서에도 통제의 칼날을 들이댔다. 제작에 앞서 사전 검열을 받게끔 하여 문제가 없다고 판단되는 사진만 엽서로 판매하도록 한 것이다. 검열을 거친 엽서에는 'ㅇㅇ요새사령부검색'이라는 문구를 넣도록 했다. 이 문구는 원산이나 진해와 같은 군사도시를 담은 그림엽서에서 자주 보이는데 인천을 소재로 한 그림엽서에서는 그런 문구를 보지 못했다.

인천의 과거를 그림엽서는 알고 있다

전해오는 그림엽서 가운데 인천을 소재로 한 것은 서울과 부산에 이어 세 번째로 많다. 정확한 수량을 파악하기는 어렵지만 대략 1,000종 내외로 짐작된다. 그림엽서는 근대 개항기 인천의 모습을 알 수 있는 중요한 미디어 매체이자 역사자료다. 근대 개항기 사진 자료를 집적하여 일반시민이나 연구자가 이용할 수 있는 아카이브가 없다는 점이 무척이나 아쉽다. 그같은 아카이브가 마련돼 있다면 훨씬 더 다양하고 깊이 있는 연구와 콘텐츠 개발이 가능할 텐데 말이다.

그림엽서는 주로 인천의 어떤 모습을 포착했을까. 인천 중심가나 인천항, 월미도, 송도유원지, 인천신사(神社), 해방 후 자유공원으로 이름이 바뀐 각국공원, 벚꽃, 러일전쟁, 그리고 주요 건축물이 단골 소재이다. 인천 중심가에선 중앙동(본정)과 신생동(궁정)의 모습을 담은 그림엽서가 많고, 제1 부두와 연결된 인천우체국 앞 거리도 여러 엽서에 담겼다. 인천항에서는 인천 앞바다 전경과 인천시를 원경으로 담은 그림엽서들을 흔하게 볼 수 있다.

1908년 시부카와 엽서점은 인천의 바닷가를 담은 파노라마 사진 2세트를 발행했는데, 한 세트는 시부카와 엽서점 사진부가 그해 1월에 직접 촬영한 것이었고 다른 한 세트는 인천에서 활동하던 아마추어 사진가가 찍은 것이었다. 그 아마추어 사진가는 당시 신문 기사에서 '백미(白眉)'라 표현될 정도로 최고의 실력을 지닌 후쿠다(福田)라는 사람이었는데, 1907년 간조가 가장 심했던 날에 촬영한 인천 앞바다 사진을 그림엽서로 제작했다.

부두가 조성된 다음에는 부두에 정박한 선박들을 소재로 삼은 그림엽서도 여럿 등장한다. 월미도는 조탕(데운 바닷물을 사용하는 목욕탕)이나 유원지 시설, 해수욕장 등이 그림엽서 소재로 자주 쓰였고, 인천신사는 대신궁과 배전의 모습을 담은 엽서가 많이 남아있다.

첨단 기술이 도입됐던 엽서 제작

근대에 접어들어 세계 주요 국가는 근대과학이 적용된 인쇄 기계와 인쇄술로 대량의 인쇄물을 찍어내고 있었으나, 전통적 인쇄술에 머물러있던 조선에서는 엽서를 인쇄할 만한 곳이 없었다. 당시 국내에서 판매되던 그림엽서 대부분은 타이쇼(大正)사진공예소를 비롯한 일본에 소재한 회사에서 제작된 것들이었다. 국내에서 활동하는 엽서 판매업자들이 어떤 엽서를 만들지 기획하고 사진을 촬영해서 일본의 엽서 제작회사로 보내면, 그쪽에서 인쇄하고 만들어서 다시 국내로 납품하고 그것을 엽서점에서 판매하는 식이었다. 인천뿐 아니라 전국 어디서나 비슷한 방식으로 유통되었다.

초기에는 전량을 일본에서 인쇄했지만, 드물게 국내에서 직접 엽서를 인쇄하는 사례도 있었다. 1906년 9월 영국의 중국함대가 인천을 방문했을 때 만든 기념엽서 뒷면에는 '인천송봉당석판인쇄(仁川松鳳堂石版印刷)'라는 문구가 찍혀 인천에서 인쇄되었음을 밝히고 있다.

인천은 그림엽서를 제작할 수 있을 만큼 인쇄업이 발전한 도시였다. 1915년 무렵 인천의 활판업 종사자는 122명 정도. 사동에 있던 축지 활판소가 대표적인 업체였다. 이곳에서 활판과 석판으로 인쇄한 물량은 연간 500만 장에 달했으며 직원은 32명(조선인 28명, 일본인 4명)이었다고 전해진다.

그렇다고 인천을 소재로 한 그림엽서들이 꼭 인천에서만 만들어진 건 아니었다. 서울에 있는 히노데 상행을 비롯하여 인천 이외의 지역에서도 인천과 관련한 엽서를 제작했다. 또 국내에 머무는 외국인 선교사들과 영국, 프랑스, 독일, 러시아도 인천의 풍광이 담긴 엽서를 만들었다.

서울의 히노데 못지않던 인천의 시부카와

　　개항기와 일제강점기를 거치면서 인천에는 여러 곳에 엽서점이 들어선다. 그 가운데 대표적인 한 곳만 꼽으라면 단연 시부카와(仁川澁川) 엽서점이다. 인천과 관련한 엽서는 시부카와 엽서점이 문을 연 1904년을 기점으로 폭발적으로 늘어난다. 『병합 후 인천』(桑原秀雄, 1911)에서는 인천 시부카와 엽서점을 조선에서 가장 오래된 엽서점으로 기술하고 있지만, 이를 뒷받침할 만한 자료는 없다. 시부카와 엽서점이 인천에서 첫 번째로 문을 연 엽서점이고, 가장 많은 엽서를 발행했다는 점만은 확실하다.

　　1907년 서울에서 시부카와 엽서점의 위상을 짐작할 만한 일이 일어났다. 조선의 마지막 황제 순종. 1907년 덕수궁 돈덕전에서 순종 황제가 즉위했다. 돈덕전은 지금은 사라진 대한제국 초기에 건립된 서양식 건물이다. 순종은 서양식 건물에서 즉위한 조선의 처음이자 마지막 황제였다. 인천의 시부카와 엽서점은 순종황제 즉위식을 촬영하여 8장짜리 기념엽서를 발행한다. 그런데 당시 서울에서는 조선 땅을 통틀어 제일 잘 나가던 엽서점 히노데가 한창 영업 중이었다. 그런 히노데를 제치고 다른 것도 아닌 황제의 즉위식 기념엽서를 인천에 있는 엽서점이 제작한 것이다. 시부카와 엽서점은 『인천개항 25년사』(森隆考 編 渋川絵端書店 仁川, 1908)도 발행했다.

1907년 무렵 세 군데(점원 남자 3명, 여자 4명, 총 7명)에 불과하던 인천의 엽서 가게는 해가 지날수록 점점 늘어난다. 1920년대에 이르러서는 와다(和田美淸堂, 신생동 표관 앞), 마쓰모토(松本), 나카무라(中川勝美堂, 중앙동 3가), 가와모토(河本葉書店, 신생동 18), 마스다(增田繪葉書店), 나가타자(ナガタ紫映寫眞場, 우체국 앞), 인천활판소지점, 조탕매점(潮湯 賣店) 등에서 엽서를 팔았다.

그러나 그림엽서에 대한 사람들의 관심과 흥미는 점점 시들해지고 있었다. 이러한 판도를 읽지 못했던 것인지 아니면 희망의 끈을 놓지 못했던 것인지 엽서점 수는 계속해서 늘어났고 결국 엽서업계는 불황에 허덕이게 된다. 활로를 모색하던 시부카와 엽서점은 신생동으로 가게를 옮기고 토산품 판매에까지 손을 댔지만 그리 오래가지 못하고 문을 닫고 말았다.

그 시절 엽서가 기념하고자 했던 것들

때로는 기념엽서가 권력을 홍보하는 수단으로 활용

▲ [그림 1-5] 이 엽서는 요시히토 황태자의 방문을 기념하기 위해 통감부 철도관리국이 만든 엽서 세트 가운데 하나이다. 인천역 접견장을 수록한 엽서로 1907년 10월 20일 기념인이 찍혀있다. 기념인에는 일본 황실을 의미하는 국화 문양이 들어가고, 엽서에서는 조선 황실을 상징하는 이화 문양을 볼 수 있다. 뒷면에는 통감부 철도관리국 인쇄소에서 석판으로 인쇄했다는 글자와 함께 우표를 붙이는 자리에는 철도관리국 표지를 배치했다.

되기도 했다. 대표적인 사례가 조선총독부가 해마다 발행했던 시정기념엽서다. 일제는 이 시정기념엽서를 통해 조선이 전 분야에 걸쳐 일제에 의해 비약적으로 발전한 것처럼 선전했다. 물론 조선총독부만 기념엽서를 발행한 건 아니었다. 인천세관과 조선총독부관측소, 인천협찬회에서도 기념엽서를 만들었고 인천고등여학교가 제작한 개교기념엽서도 있었다. 그러나 조선총독부가 발행한 기념엽서는 애초부터 발행 목적이 달랐을 뿐 아니라 질적인 면에서도 차원이 달랐다. 금장이나 은장을 두르고 당시에는 드물었던 엠보싱 인쇄까지 한 것도 있었다.

엽서가 사람들에게 인기를 끌자 기관에서도 엽서와 관련한 행사나 서비스를 기획했다. 인천 축항 기공 기념행사 때는 인천우체국이 인천신사 대신궁 옆에 임시출장소를 개설한 일이 있었다. 행사장을 방문하는 손님들이 그곳에서 곧바로 편지와 엽서를 보낼 수 있게 한 것이다. 참고로 당시 인천우체국은 관동에 있던 때라서 규모가 무척 작았다. 인천우체국은 항동으로 옮긴 뒤 1923년 2월 9일 인천기념일에 '인천무역 1억 원 돌파 기념 엽서'를 발행한다.

기념엽서는 한 번 발행될 때 보통 수만 부씩 제작되었다. 특정일을 기념하기 위해 기관이나 단체가 엽서를 발행하고, 이를 구매한 소비자가 그 엽서에 기념스탬프를 찍는 유행은 해방 후에도 이어졌다. 1949년 9월 18일에 거행된 '철도개설 50주년 행사'에서도 기념엽서를 방문객에게 나눠줬고, 전국의 주요 역에는 기념스탬프를 비치했다.

일본의 요시히토(嘉仁) 황태자가 조선을 방문했을 때도 이를 기념하는 엽서가 발행되었다. [그림1-5], [그림1-6], [그림1-7] 요시히토 황태자의 방문 목적은 순종의 즉위를 축하하기 위함이었다. 고종 황제가 헤이그에 특사를 파견했던, 이른바 '헤이그 밀사 사건'을 알게 된 일본제국은 '양위'라는 형식으로 고종을 물러나게 했고 그렇게 어쩔 수 없이 황제 자리에 오르게 된 순종의 즉위를 축하하는 사절로 요시히토 황태자를 보낸 것이다.

▲ [그림 1-6] 인천일본거류민단이 인천신사 안에 만든 임시 편전 앞에서 행사를 주관했던 관계자들이 기념사진을 남겼다. 그 사진을 이용해 다음 해인 1908년 인천개항 25주년을 맞아 제작한 기념엽서다.

▲ [그림 1-7] 요시히토 황태자의 한국방문을 신공왕후의 조선 정벌로 묘사한 기념엽서.

그러나 순종의 즉위식이 열린 건 1907년 7월 20일이었고, 요시히토가 군함을 타고 제물포항에 도착한 건 그로부터 석 달 가까이 지난 10월 16일이었다. 축하 사절치고는 방문 시기가 늦어도 너무 늦었던 셈이다. 게다가 요시히토 황태자가 방문하기에 앞서 일본군은 한양의 숭례문을 부수려고 했었다. 자신들의 황태자가 머리를 숙이고 숭례문을 통과할 수는 없다는 이유였다. 인근 백성들의 반발로 숭례문을 부수는 대신 성벽을 허물고 그 위로 길을 닦아 지나갔지만, 우리에게 요시히토는 이래저래 반갑지 않은 손님이었다.

하지만 어쩌랴. 1907년 10월 16일 순종은 처음으로 경인선을 타고 요시히토를 마중하러 간다. 요시히토가 일정을 마치고 돌아가던 10월 20일에는 남대문 정거장(지금의 서울역)까지만 나가서 배웅했고, 순종의 이복동생인 이 은 황태자(훗날 영친왕)가 제물포항까지 기차를 타고 요시히토와 동행했다.

일본으로 돌아가는 요시히토의 뒷모습이 순종 형제에겐 무척이나 후련했겠지만, 그 모습을 못내 아쉬워했던 무리가 있었다. 당시 인천에 거주하던 일본인들이었다. 그들은 요시히토 황태자의 방문 소식에 황태자가 인천 시내를 들렀다 갈 수 있도록 만반의 준비를 했다. 인천신사에는 임시로 편전을 세우고 황태자가 방문할 만한 장소를 물색해 녹문(綠門)을 세우는가 하면 가로수도 심었다. 그러나 일본인들의 그런 정성 어린 열망이 무색하게 요시히토는 인천 시내로는 발길을 들이지 않은 채 인천역에 대기하던 기차를 타고 곧바로 한양으로 갔다. 귀국할 때도 인천 시내는 들르지 않고, 기차에서 내려 곧바로 인천세관 앞(현 인천중부경찰서 근처)으로 이동해 배를 타고 일본으로 갔다. 낙심한 일본인들은 자신들이 세운 임시편전 앞에서 기념사진을 찍고 그 사진을 넣은 엽서발행에 만족해야 했다.

선물하기에도, 기념하기에도 좋았던 엽서

엽서를 활용하는 방식도 점차 발전해갔다. 인천 연초(담배)판매소에서는 전쟁에 나간 군인을 위문하기 위해 담배를 사면 위문용 엽서 3매를 주었다고 한다. 또한 엽서는 인천을 방문하는 타지인에게 주는 기념품으로도 인기가 좋은 편이었다. 1907년에 인천을 방문한 함대 하사와 병졸에게 한국의 명소와 고적 풍속이 담긴 그림엽서 1,700매를 나눠주었다는 신문 보도가 남아있다. 일본 해군 사관후보생 149명을 태운 연습함 아소(阿蘇)와 소야(宗谷)호가 기항했을 때는 인천거류민단이 하사 이하 수병에게는 입욕권을, 후보생에게는 인천항 그림엽서를 기증했다는 기록도 있다.

소야호에는 기막힌 사연이 담겨있다. 소야호는 원래 러일전쟁에 참전했던 러시아의 1등 순양함 바랴그(Varyag)호였다. 1904년 2월 9일 인천 제물포 앞바다에 정박 중이던 바랴그호는 일본

念紀日祝川仁

RUSSIAN CRUISER VARIAG OFF CHEMULPO.

グーヤリワ艦露

▲ [그림 1-8] 인천 앞바다에 침몰한 러시아 군함 바랴그(Varyag)호가 담긴 그림엽서. 시부카와 엽서
점이 발행한 인천축일3주년 기념엽서 가운데 한 장이다.

군의 선제공격으로 대파된 후 자폭하고 만다. 그렇게 인천 앞바
다에 침몰해 있던 이 배를 일제가 인양하여 소야호로 이름을 바
꾸고 연습함으로 사용했었다. 그러다가 제1차 세계대전 때 러
시아가 일본의 동맹국이 되자 일제는 소야호로 바뀐 바랴그호
를 러시아에 돌려줬다. 1916년 4월이었다.

기념엽서는 대개 여러 장이 한꺼번에 봉투에 담긴 채 유통
되었다. 2매나 4매, 8매씩 봉투에 담겼고 많게는 16매로 구성되
기도 했다. 인천항에 드나드는 군인이나 방문객에게 제공하는

▲ [그림 1-9] 일제는 인천 앞바다에서 자폭한 러시아 해군함을 인양해 수리한 다음 일본 해군에 포함시켜 '소야(宗谷)'라는 함명을 부여하고 연습함으로 썼다. 시부카와 엽서점이 발행한 인천축일 4주년 기념엽서 2매 중 한 장이다. 인천축일은 인천 앞바다에서 일본 해군이 러시아 해군을 이긴 1904년 2월 9일을 기념해 제정된 날이다.

1장 그림엽서 이야기

39

용도로도 많이 쓰였고 때로는 경비를 모금하는 데 활용되기도 했다. 당시 인천에 있던 일본 거류민단은 '인천개항 25주년' 기념행사를 앞두고 경비를 모금하면서 기념엽서를 적극적으로 활용했는데, 기부한 사람에게는 경품번호가 적힌 '인천개항 25주년' 기념엽서 세트를 나눠주었다.

[그림 1-10] 첫 번째는 『조선신보』 1908년 5월 16일 자에 실린 기부금 모집 광고다. 기부자에게는 경품번호가 적힌 엽서를 증정한다는 내용이 쓰여 있다. 두 번째와 세 번째 그림은 당시 기부자에게 준 것으로 보이는 기념엽서 봉투의 앞뒷면인데, 앞면에는 경품번호 5304의 2번이라고 기재돼 있고 뒷면에는 경품 관련 주의사항이 빼곡하게 적혀 있다. 이때 걸린 경품의 총금액은 1만5천 원. 어떤 경품이 걸려있었을지 궁금한데 아쉽게도 궁금증을 풀지 못했다.

산더미처럼 쌓이던 신년 축하엽서(연하엽서)

해마다 연말이 다가오면 연하엽서도 제법 많이 팔렸다. 연하장은 그림이 없는 일반엽서가 주종을 이뤘고 연하장에 상점을 인쇄한 것도 보인다. 우리보다 엽서 사랑이 뜨거웠던 일본의 도쿄나 오사카 등에서는 하루에 수십만 장의 연하엽서가 팔려나갔다. 일본만큼의 열기는 아니었지만, 우리나라에도 연

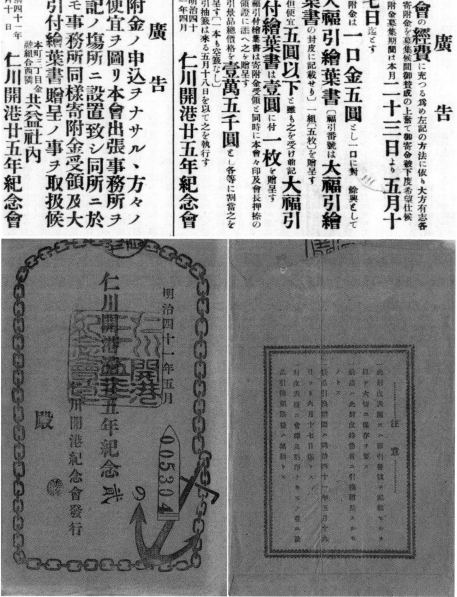

本會の經費に充つる爲め左記の方法に依り大方有志各位の寄附金を募集候間贊成の上奮て御寄金被下度希望仕候

一 寄附金募集期間は本月二十三日より五月十七日迄とす

一 寄附金は一口金五圓とし一口に對し餘興として大福引繪葉書〔福引番號は大福引繪葉書の封皮に記載せり〕一組〔五枚〕を贈呈す

但便宜五圓以下と雖も之を受け新記大福引付繪葉書は寄附金受領と同時に本會々印及會長押捺の受領證に添へ之ヶ贈呈す

一 福引景品總價格を壹萬五千圓とし各等に割當之を贈呈す〔一本も空籤なし〕

一 福引抽籤は來る五月十八日を以て之を執行す

明治四十一年四月
仁川開港廿五年紀念會

廣 告

寄附金ノ申込ヲナサル、方々ノ御便宜ヲ圖リ本會出張事務所ヲ左記ノ場所ニ設置致シ同所ニテモ事務所同樣寄附金受領及大福引付繪葉書贈呈ノ事ヲ取扱候

本町三丁目金組合西隣 共益社内
仁川開港廿五年紀念會

明治四十一年五月十日

▲ [그림 1-10] 조선신보(1908.5.16)에 실린 인천개항 25주년 기념엽서 발행 광고(위)와 기념엽서 봉투(아래).

말연시에 연하장을 주고받는 풍습이 자리 잡았다. 이 때가 되면 전국 각지의 우체국은 폭증한 우편물 처리에 골몰했다. 인천 우체국은 매년 12월 15일부터 31일까지를 특별 취급 기간으로 정하고 비상 근무체제를 가동하기도 했다. 사람들이 한 해 동안 주고받은 연하장 수는 1916년에 16,531통, 20년이 지난 1936년 12월에는 무려 260여만 통에 이른다. 한창 유행일 때는 하루 평균 4만 장가량의 엽서연하장이 판매됐을 정도였다. 연하장을 주문받은 인쇄소는 임시직원을 고용해 인쇄기를 돌렸다. 그해 평양에서 발행한 연하엽서만 30만 장이었다. 관동대지진으로 한때 연하엽서 취급이 중단되고, 조선총독부는 허례허식을 없앤다는 명목으로 연하장 보내지 않기 운동도 시행했지만, 매년 수백만 원이 연하엽서 제작에 쓰였다. 그렇게 연하엽서를 주고받는 일은 신년맞이 행사로 굳어져 갔다.

연하엽서가 성행하면서 사건도 끊이지 않았다. 연하엽서에 인쇄된 내용을 문제 삼아 경찰이 조사하는 일이 벌어졌고, 배달되지 못한 연하장도 허다했다. 1934년 1월 평양우체국에서만 14,000장의 연하엽서가 주인을 찾지 못했다. 주소불명, 요금부족, 우편엽서 표시가 없는 연하장 등 사유도 여러 가지였다.

연하엽서를 주고받는 풍조는 해방 후에도 이어졌다. 체신부는 일제가 폐지한 연하우편제도를 1947년 11월에 부활시키고, 6.25 동란 중에도 연하엽서 발행을 멈추지 않았다. 1951년에는 12월 1일부터 전란 중 두 번째 맞이하는 새해를 기념하는 의미로, 12매로 구성된 연하엽서를 발매했다.

昭和八年一月一日　正賀

朝鮮仁川本町　三起商會　電話一〇〇九番　店主邊見国市

▲ [그림 1-11] 산기(三起)상회 1933년 연하장.

　　한때 허례허식의 상징이던 연하엽서는 1970년대 이르러 검약의 상징으로 옷을 갈아입었다. 연하엽서를 발행하던 체신부는 '새해 인사는 값싸고 간편한 연하 그림엽서로'라는 문구를 내세워 연하엽서 보급에 나섰다. 연하엽서 발행에 적극적이던 체신부는 추첨권이 인쇄된 복권형 연하엽서를 팔고 추첨에는 유명연예인을 동원했다. 한때 복권에 버금가는 인기를 누리며 변신을 거듭하던 연하엽서는 이제 인터넷의 대중화로 시들해졌다.

일제강점기 인천에 거주하던 일본인 대다수는 일본에서 빈곤한 생활을 이어가던
20대 초반의 청년들이었다. 메이지 유신으로 시작된 일본식 근대교육 초창기 세대인
이들은 일제가 추진한 식민정책을 등에 업고 인천으로 이주했다.
그리고 일본에서라면 꿈도 꾸지 못했을 만한 성공을 거뒀다.
이들에게 자신들의 성공 경험은 무엇과도 바꿀 수 없는 소중한 가치이자
자존감의 밑바탕이었다.

2장

그림엽서 독해

LIES TAKING MEAL.

朝鮮勞働

1. 읽기

(1) 같은 곳을 찍은 사진 속 시간 읽기

[그림 2-1]의 위, 아래 사진은 같은 장소를 촬영한 그림엽서다. 카메라가 놓여있던 곳은 인천 최초의 카페 '금파(金波)'의 옥상. 신포동과 신생동 경계에 있는 건물이다. 1920년대에 세워진 이 건물은 당시로선 보기 드문 4층짜리 건물이었다. 그 근방에서 사진에서와 같은 각도로 거리를 내려다 볼 수 있는 곳은 금파밖에 없었다. 6.25 전쟁 때 허물어졌던 이 건물은 비슷한 규모로 다시 세워져 현재에 이른다.

그럼 이제 두 장의 그림엽서를 비교해가며 읽어보자. 조금만 자세히 살펴보면, 두 그림엽서에 표시된 ①, ③, ④, ⑤는 같은 건물이라는 것을 알 수 있다. ②는 서로 다른 건물이고, 아래 사진에서 볼 수 있는 ⑥의 굴뚝 달린 3층 건물이, 위의 사진에서는 보이지 않는다. 건물마다 간판이 내걸린 것을 볼 때 일반 가옥은 아니고 요즘으로 치면 상가형 주택이다. 간판에는 뭐라고 적혀 있었을까. ①은 나가이(永井)상회, ②는 미야타(宮田)상점, ③은 이토키(糸岐)상점, ⑤는 인천기선(주)이다. 여기까지 파악

▲ [그림 2-1] 금파 옥상에서 촬영한 중앙동4가(본정4정목)의 모습이다. 멀리 아키다 상회와 제58은행 인천지점이 보인 다. 인천의 중심상업가로는 이곳을 끝으로 유흥 위락 중심의 상점가인 신생동(궁정)으로 바뀐다.

하는 건 어렵지 않았다. 나를 애먹인 건 ②번 건물이었다. 그 건물 모서리에 걸린 간판 속 글자를 읽어내려고 다양한 노력을 했는데 쉽지 않았다. 그래도 포기하지 않고 당시의 신문광고며 인천안내도 등 여러 자료를 조합해 흐릿하게나마 윤곽을 잡아갈 즈음이었다. 혹시나 하고 찾아본 '대경성사진첩'(1937)에서 '치시마(千島)정종대리점'이라는 간판 글자가 뚜렷한 사진을 발견했다. 그때의 그 반가우면서도 허무한 심정이란…. 근대 그림엽서를 탐색하다 보면 이런 일이 비일비재하다.

　도시를 구성하는 단위인 가구(街區, Block)를 도로가 둘러싸고, 그 도로를 따라 상가가 들어서 있다. 그리고 그 안쪽에 중정과 창고를 두는 방식은, 에도 시대(1603~1867년) 때부터 대도시를 중심으로 지어지던 일본의 건축 방식이다. 사다리꼴 모양을 따라 형성된 두 그림엽서 속 상가에는, 서양 시계를 파는 이토키 상점(③번)도 있었고 우동 맛이 좋기로 이름났던 만세이안(萬盛庵)도 있었다. 북서쪽 모퉁이에 위치한 히라노(平野)상점은 인견이나 모직물 같은 옷감을 팔던 가게로 조선 최고의 모직물 가게라 불릴 정도로 큰 규모였다. 상점 주인 히라노 토시히코(平野稔彦)는 1933년 12월에 인천에 왔다. 당시 인천에서 활동하던 다른 일본인 사업가들에 비하면 꽤 늦은 편이었다. 신태범 선생은 1942년 10월 이 건물을 인수해 '신외과'를 열었고, 1980년대 초반까지 운영했다.

　나가이(永井) 상점(①번)은 과일가게였는데 위아래 사진이 같은 건물이긴 하지만 모습이 좀 다르다. 간판과 진열장이 다르고 위 사진에서는 선명하게 찍힌 차광막이 아래 사진에선 보이지 않는다.

아래 사진 속 우측 귀퉁이에 위치한 주류도매상 미야타(宮田)상점(②)은 1894년에 세워진 회사로 치시마(千島), 야마토 다마시이(日本魂)와 같은 유명 정종과 삿뽀로 맥주를 취급하던 곳이었다. 미야타(宮田)상점이 개축된 1930년대 일본에서는 이른바 세제션(Secession: 분리주의)과 모더니즘 양식의 건물이 활발하게 들어서고 있었다. 서양식 건물이 등장하면서 일본 고유의 특성이 강했던 메이지 시대의 도시 풍경은 서양식으로 빠르게 탈바꿈했다. 그리고 일본 열도의 이런 흐름은 당시 식민지였던 우리나라로도 이어졌다. 19세기에서 20세기 초반에 지어졌던 일본식 건물들이 하나둘 사라지고 그 자리에 서양식 건물이 들어선 것이다. 하지만 인천만은 예외였다. 그저 드문드문 서양식 건물이 들어선 정도였다. 왜 유독 인천에만 이런 현상이 나타났을까. 그 이유는 당시 인천에 거주하던 일본인들의 성장배경과 거기에서 비롯된 보수성에서 찾을 수 있다.

일제강점기 인천에 거주하던 일본인 대다수는 일본에서 빈곤한 생활을 이어가던 20대 초반의 청년들이었다. 메이지 유신으로 시작된 일본식 근대교육 초창기 세대인 이들은 일제가 추진한 식민정책을 등에 업고 인천으로 이주했다. 그리고 일본에서라면 꿈도 꾸지 못했을 만한 성공을 거뒀다. 이들에게 자신들의 성공 경험은 무엇과도 바꿀 수 없는 소중한 가치이자 자존감의 밑바탕이었다. 이들은 또 자신들의 현재를 있게 한 '메이지'

를 자랑스러워했다. 일본의 전통적인 건축양식이 새로운 스타일의 건축물로 바뀌며, 하루가 다르게 도시의 모습이 새롭게 바뀌어 가던 그 시각. 인천에 살던 일본인들은 보수적인 성향을 버리지 못하고 과거의 건축양식을 고집하고 있었다.

일본 에도시대 도시와 흡사하던 인천 상점가는 1938~1939년부터 3~4년간 이른바 '간판 건축'(원래의 건물은 그대로 둔 채 건물 앞면에 벽을 새로 세워, 정면을 서양식 건물처럼 꾸민 건축물)의 유행으로 과거와는 사뭇 다른 모습으로 바뀐다. 이때 형성된 도시경관은 1970년대 중반까지 이어진다.

같은 장소를 담고 있는 그림엽서를 탐색하다 보면 '시간의 차이'를 읽을 수 있다. [그림 2-1]의 위아래 사진은 같은 장소를 같은 각도에서 바라보고 있지만 두 사진 사이에는 시차가 존재한다. 같은 장소를 시차를 두고 촬영한 그림엽서를 비교 분석할 때 가로수는 시간에 관한 여러 요소를 이야기해준다. 나무의 형태와 굵기의 차이로 시간대의 순서를 알 수 있다.

위 사진에서는 전봇대 옆에서 가녀린 자태로 애처롭게 서 있던 키 작은 나무가 아래 사진에서는 훌쩍 자라 있다.

그림엽서 속에서 가로수만이 유의미한 단서로 작용하는 건 아니다. 같은 장소를 서로 다른 시간대에 촬영한 그림엽서는 도시의 변화상을 담고 있어서 그 자체로 역사의 전개 과정이라 할 수 있다. 우리가 일상에서 무심코 누르는 스마트폰 사진도 촬영 정보를 상세하게 기록해 남긴다면 후대에는 의미 있는 사료가 될 수 있다.

(2) 사진 속 문자(Text) 읽기

카후에 '금파' 주변의 간판과 광고판

근대 그림엽서에서 그곳이 어디인지를 가장 명확하게 알려주는 단서는 간판이다. 간판이나 광고판은 아예 노골적으로 자신의 정체를 드러내고 있기 때문이다. 또 '점두(facade: 店頭, 상점의 정면)'에서도 많은 정보를 읽을 수 있다. 점두는 그 상점의 첫인상을 결정하기 때문에 점주들은 이 부분을 장식하는 데 공을 들였고, 이러한 이유로 엽서 속 점두를 잘 살피면 그 시절의 생활문화도 읽어낼 수 있다.

그런데 인천의 근대 엽서 속 간판을 읽어내는 데는 약간의 난관이 있다. 다른 도시와 달리 건물보다 시가지에 초점을 맞추고 촬영한 것들이 많아 간판이나 광고판에 적힌 글자를 읽기가 쉽지 않다는 점이다. 더욱이 그림엽서에 담긴 사진은 인쇄과정에서 생긴 망점으로 뭉개진 글자가 많아서 해석하는 데 더 많은 시간과 노력이 필요하다. 하지만 어렵게 따낸 열매일수록 달콤하게 느껴지는 법. 한눈에 알아내기는 어렵지만, 요모조모 정보를 취합해가며 알아내는 재미는 난관이 클수록 배가된다.

그럼 이제 구체적인 사례를 통해 근대 그림엽서 속 간판과 광고판의 문자를 읽어보자. 그러기에 가장 적절한 대상은 당시 인천에서 제일로 번성했던 중심상업가의 간판과 광고일 터. 아무래도 '카후에 킨파'가 제격일 것이다.

'카후에'는 '카페(Cafe)', '킨파(キンパ)'는 '금파(金波)'의 일본어

RESTAURANT

金

西洋御料理

合太

Miyamachi Jinsen Chiyosen 市街及宮町入口 （仁川名所）

▲ [그림 2-2] 중앙동 4가에서 금파 방향으로 촬영한 사진이다. 금파건물에 걸린 여러 개의 간판이 보인다. 흙더미
우측은 나가이(永井)상회, 좌측은 미야타(宮田)상점이다. 인천에서 가장 번화했던 이 도로는 1935년에 아스팔트
로 포장된다.

발음이다. 그러니까 '카후에 킨파'는 '카페 금파'였던 것. 당시에는 '킨파'라 불렀겠지만, 오늘날엔 여러 서적과 자료에서 '금파'라는 명칭이 통상적으로 쓰이고 있으므로 이 책에서도 금파라 표기하기로 한다.

[그림 2-2] 건물의 정면을 주목해보면, 2층과 3층에 걸친 스팬드럴(spandrel)에 양각으로 새긴 '금파(金波)'라는 글자가 보이고 옥상에서도 '금파(金波)'라는 두 글자가 깃발 속에서 펄럭이고 있다. 그런데 [그림 2-3]에서는 '금파(金波)'를 새긴 석판이 1층 출입구 상부로 옮겨져 있다. 그리고 [그림 2-2]의 석판이 있던 자리를 사쿠라 맥주 광고판이 차지하고 있다. 그러더니 [그림 2-4]에서는 '증전옥(增田屋)' 광고판에 가려 '금파(金波)' 석판이 아예 보이질 않는다.

이번에는 광고판에 적힌 글자를 살펴보자. [그림 2-2]의 '서양어요리 사계빙옥(西洋御料理 四階氷屋)'이다. 무슨 뜻인지 알 듯 말 듯 하다. 이는 서양요리를 파는 식당인데, 4층은 빙수를 파는 가게라는 뜻이다. 그 왼쪽에 작은 글씨로 쓰인 '간이식당정오○일식대오십전(簡易食堂正午○一食代五拾錢)'은 점심에는 50전짜리 간편식을 판매한다는 말이다.

이번에는 건물 출입구 주변의 입간판으로 시선을 돌려보자. [그림2-3]에서 '출전(出前: 데마에)' 글자와 '인천예기대지거(仁川藝妓大芝居)'라는 글자가 쓰인 입간판을 볼 수 있다. '데마에(出前)'는 음식 배달 서비스로 기원은 에도시대 초기까지 거슬러 올라

간다. 금파에서도 음식 배달 서비스를 했다는 근거가 되는 이 입간판에서 '출전일품요리(出前一品料理) 주식(晝食, 점심) 2엔, 맥주 80전, 금파' 등의 글자도 보인다.[그림 2-4] 1층 출입구 앞에 걸린 포렴에도 '출전(出前)'이란 글자가 있다.

'인천예기대지거(仁川藝妓大芝居)'는 금파에서 인천예기들이 공연한다는 것. 공연무대를 갖추고 있었다는 말이다. 1934년 8월 당시 일본 유명 여배우였던 치쿠사쿄코(千草香子)는 8일간 이 무대에서 사인행사를 열었다.

식사, 공연, 커피가 제공되던 '금파'를 1930년대 인천의 이른바 '모던 문화'의 상징으로 묘사한 글을 종종 접하게 된다. 서양식으로 한껏 차려입은 모던 보이와 모던 걸이 쓰디쓴 커피잔을 앞에 두고 교양미를 뽐내던 곳, 그들의 아지트 정도로 표현되곤 한다. 실제로 그런 곳이었을까.

일본어 '카후에'는 커피를 의미하는 프랑스어 '까페(cafe)'에서 왔는데 그 시절 카후에에서는 실제로 커피를 팔았다. 그러나 오늘날과 같은 카페는 아니었다. 커피뿐 아니라 맥주와 양주, 간단한 서양요리도 팔았고 찻집보다는 술집에 가까웠다. 그곳에선 서양식 옷차림을 한 여종업원들이 음식을 날랐다. 그리고 그들은 손님들 옆에서 시중을 들기도 했다. 일정한 월급 없이 카페에서 먹고 자면서 손님들이 주는 팁으로 생활하던 그들. 당시 카페는 사교적인 소비공간이면서 한편으론 유흥업소이기도 했다. 조선일보는 1933년 2월 5일 자 기사에서 '카페는 신식색주가(新式色酒家)다'라며, '그 규모와 방식은 조선의 색주가와 다르지만 사실은 색주가로 다만 재래종과 박래품의 차이'로 묘사했다.

인천에서는 금파를 필두로 후지(富士), 쿠로네코(黒猫), 니카로우(日華樓) 등이 유명한 카후에였다.

[그림 2-4]의 금파 건물 출입구에도 세로로 길게 늘어진 입간판이 보인다. 거기에는 '카시와모찌 50전(かしわ餅50錢)'이라 씌어 있다. 카시와모찌가 뭘까. 카시와모찌는 우리의 추억의 음식, 망개떡과 거의 비슷한 간식거리다. 넓적하고 둥글게 뭉쳐 만든 떡을 둘로 접어, 그 사이에 소를 끼워 넣고 떡갈나무 잎으로 감싼 화과자. 도쿠가와 막부 9대에서 10대 사이에 도쿄에서 처음 생겨난 카시와모찌는 산킨코타이(参勤交代: 에도 막부가 다이묘의 통제책으로 다이묘들을 정기적으로 에도에 머무르게 한 제도. 이 제도로 인해 에도 시대 상업이 발달하였고 도로가 정비되는 등 긍정적 효과가 있었다)를 통해 전국으로 퍼졌다. 그러나 1930년대까지는 도쿄 일대에서만 유통되었다. 일본에서 자생하는 떡갈나무 생산량이 적어 전국으로 보급할 만한 양을 만들어내지 못했기 때문이다. 그러다 한국과 중국으로부터 떡갈나무 잎을 수입하면서 카시와모찌는 일본의 전 열도에서 사랑받는 간식거리가 되었다. 떡갈나무 잎은 새싹이 자라기 전에 묵은 잎이 떨어지지 않는 특성이 있다. 이 때문에 카시와모찌는 자손이 대대손손 끊어지지 않는다는 '자손 번영'의 상징이기도 하다. 일본에는 단오절에 카시

▲ [그림 2-3] 금파가 내건 입간판을 통해 이곳에서 일본 기생의 공연과 음식 배달 서비스가 이뤄졌다는 사실을 알 수 있는 사진이다.

▲ [그림 2-4] 간판과 광고판은 도시경관을 결정하는 요소이다. 금파와 주변 상점에 걸린 간판과 광고판에서 근대인천의 모습을 읽는다. 자전거를 타는 두 사람은 금파에서 음식을 배달하던 사람들일 가능성도 열어둔다.

와모찌를 챙겨 먹는 풍습이 있는데, 이 점으로 볼 때 이 사진을 촬영한 시점은 양력 5월 5일 전후로 보인다.

[그림 2-4]에는 [그림 2-3]에서 '금파'라는 석판이 걸려있던 자리에 '아카노렌마츠다야(赤のれん增田屋)'이라는 간판을 달았다. 이 당시 아카노렌은 이자카야(居酒屋)와 같은 의미로 쓰였다. 금파에 미츠다야 양조장이 저렴하게 술을 판매하는 공간이 있었다는 사실을 말하는 간판이다. '금파'의 대표였던 사에지마(鮫島原志, 인천상공인명록, 1931: 한국사데이터베이스에는 鮫島厚志로 기록)는 마츠다야(增田屋)에서 지배인으로 일했던 사람이다. 마츠다야는 아사히(朝日)양조와 더불어 인천의 대표 주류 제조장 가운데 하나였다.

합자회사 마츠다야 상점은 1927년 7월 동인천역 앞에 위치한 미야자키(宮崎)주조장을 매입해 증축하고, 자본금을 늘려 주식회사로 개편한 이후 성장을 거듭했다. 미야자키(宮崎)주조장을 사들인 마츠다야 상점은 같은 해 9월 14일 991㎡(300평) 규모의 2층 건물 상량식을 했고, 다음 해 3월 18일 서울의 유력인사와 인천지역 신문기자를 초청해 축하연을 열었다. 그리고 1929년 9월 24일 재차 증축공사 상량식을 했다.

이 주조장에서 생산된 센츠루(鮮鶴)는 조선과 만주, 대만, 동남아시아 지역으로 팔려나갔고, 일본 황실을 관할하는 궁내성에 납품할 정도로 유명했다. 다나카 사쿠이(田中作二)는 전무로서 공장 증축과 궁내성 납품 등의 과정에서 유력한 역할을 하였다. 다나카는 1924년 7월 31일 인천기선(주)의 대표로, 조선 연안의 운항권 획득을 위해 혈안이 되었던 사람이다.

주조장을 매도한 미야자키(宮崎)주조장은 그 이후에도 사업을 이어간다. 그런데 사업장 소재지가 인현동 3번지로 후카미(深見)양조장과 겹치는데다, 그가 거주하던 집도 그 안에 있었다. 미야자키(宮崎)주조장의 대표인 미야자키(宮崎市作)와 후카미(深見寅市)는 축현역 역명개정 운동에 같이 참여했으며, 1926년에는 14명을 선발하는 학교 조합원 선거에 동시에 출마하기도 했다. 마츠다야 상점, 미야자키 주조장, 후카미 양조장이 서로 얽혀있었다는 사실을 알려주는 대목이다.

금파 건물 좌측 후면에는 덴쇼도(天正堂)라는 상점이 있었다는 것을, 우측 후면에는 야마모토(山本) 양복점이 자리하고 있었다는 사실을 사진 속 간판을 통해 확인할 수 있다.

금파 건물 앞쪽으로 난 길은 묘하게도 중앙동과 신포동, 신생동의 경계이다. 금파에서 우체국으로 통하는 길은 원래 하천이었다. 조계지와 조선인 마을의 경계이기도 했던 하천 위에는 작은 나무다리가 있었다. 하천을 복개한 이 도로에서는 1924년 2월 갑자기 많은 비가 내려 복개천을 따라 가설한 전화선이 수해를 입어 전화 100여 통이 불통되는 사건이 일어났다. 전화불통으로 여러 곳이 피해를 입었는데 그 중에서도 미두 중매점의 피해가 가장 컸다. 2021년 11월에 발생한 KT 인터넷 불통으로 주식 매매를 못해 일어났던 금전적 피해와 비슷한 일이 100여

년 전에도 있었다는 사실이 흥미롭다. 복개만 했을 뿐 흙길이던 이 길은 1931년에서야 도로포장공사가 이뤄졌다.

언뜻 중앙동 일대에 번성한 상점가가 신생동 일대까지 쭉 이어지는 모양새지만, 속을 들여다보면 이 두 지역은 차이가 있었다. 중앙동 일대가 주로 문방구나 시계점, 잡화상 등으로 이뤄진 상가라면, 신생동 일대 상가는 거기에 술집과 식당이 더해진 형태였다. 인천신사 앞까지 그런 유형의 상점가가 형성되어 있었다. 이러한 중앙동과 신포동, 신생동 상점가의 중심지에 해당하는 곳에 바로 카페 '금파'였다. 금파를 바라보면서 좌측길(우현로 35번길)은 신포시장과 연결되고, 인천신사로 이어지는 우측길(제물량로 166번길)은 '공원통'이라 불리기도 했다. 우측길이 좌측길보다 더 번성했었다.

신사 앞 비석엔 뜻밖의 글자들이

일본의 신사(神社)에 가면 전통적인 신사의 문, 도리(鳥居)가 서 있는 것을 볼 수 있다. 두 개의 기둥이 서 있고 그 사이를 연결하는 두 개의 가로대가 놓여있는 형태이다. 신사에서 도리는 잡된 것이 들어오는 것을 막아주는 역할을 한다고 한다. 불경한 속세와 신성한 신사를 구분 짓는 경계라는 것.

인천여자상업고등학교 자리에 세워졌던 인천신사에는 모두 3개(입구, 중간, 배전 앞)의 도리가 있었던 것으로 보인다.

[그림2-5]는 인천신사의 두 번째 도리 입구다. 두 번째 도리

▲ [그림 2-5] 조선총독부가 신사에서의 금지사항을 새긴 비석이다. 일본 신사 앞에는 지금도 비슷한 내용을 적은 팻말이 세워져 있다.

입구 한쪽에 비석이 세워져 있는데 어떤 내용이 새겨져 있는지 궁금했다.

1916년 4월 24일, 조선총독부가 정한 규정으로 '차와 말을 타고 들어가거나 물고기와 조류를 잡는 일, 수목을 벌채하는 것을 금지한다'라는 내용이었다. 아마도 이는 전국에 산재한 모든 신사에 적용되는 규정이었을 것이다. 당시 국내에 있던 신사는, 평범한 이들의 신앙생활 공간이거나 자연스러운 일상 속 생활문화는 아니었다는 것을 알 수 있다. 국가가 직접 관여하는 기관이었다는 것을 비석 속 문구가 말해주고 있다.

아래는 비석에 새겨진 규정의 원문이다.

定

車馬ヲ乘入ル事

魚鳥ヲ捕フル事

樹木ヲ伐採ル事

右境內ニ於テ禁止ス

大正五年四月二十四日

朝鮮總督府

2. 세밀한 관찰

(1) 건물 생김새 비교하기

　마을이나 도시를 꽤 먼 데서 촬영한 사진을 본다. 마침 사진 속 장소가 눈에 익은 곳이라면…. 이럴 때 사람들은 누구나 자신이 아는 건물이 어디 있는지 그것부터 찾게 된다. 그런데 내가 아는 그곳은 비교적 작고 낮은 건물. 다른 건물에 가려 한눈에 보이지 않는 곳이다. 이때 그 건물의 정확한 위치를 가늠하려면 우선 그 지역에서 누구나 알 만큼 유명한 건물부터 찾는 게 순서일 터. 기준이 되는 지표건물의 위치를 먼저 파악해야 내가 아는 그 건물도 찾기가 쉽다.

　근대 도시 인천에서 지표건물이 될 만한 곳은 인천부 청사(현 중구청), 일본 제1은행과 제18은행, 제58은행 인천지점, 제임스 존스턴 별장, 세창양행 사택, 답동성당, 대불호텔, 동본원사 등이다. 이들 건물의 공통점은 인지도가 높거나 능선에 자리 잡고 있다는 것. 이런 특성이 사진 속 장소가 어디인지를 말해주곤 한다. 이처럼 특정 지역을 상징하는 건물을 '랜드마크(landmark)'라고 하는데 그림엽서를 읽어내는 데 있어 랜드마크

(仁5)　　THE MIYAMACHI OF JINSEN　　(通園公)　町宮川仁　(所名鮮朝)

第 二 町宮 (所名川仁)
MIYAMACHI-ST JINSEN.

▲ [그림 2-6] 엽서 아래 인쇄된 '인천궁정(공원통)'이라는 글자만이 인천신사와 연결된 도로라는 사실을 알려줄 뿐, 지표가 될 만한 건축물이 없고 가로도 낯설다. 이 그림엽서만으로는 장소를 특정하기 어렵다. 단서가 된 건물은 아래 사진 좌측에 위치한 건물, 조선 최고의 서양 음식점으로 불리던 토요켄이다. 동쪽(인천여자상업고등학교)에서 서쪽(신포동) 방향으로 촬영한 사진이다.

THE MIYAMACHI OF JINSEN （通園公） 町宮川仁 （所名鮮朝）

MIYAMACHI-ST JINSEN

▲ [그림 2-7] 아래 사진 좌측에 위치한 토요켄 말고는 모두 같은 건물이다. 두 사진에 등장하는 건물이 같은 건물이라는 사실을 드러내기 위해 건물 4개를 드러나 보이도록 처리했다. ⓐ 토요켄, ⓑ 니시이 유리점(西井哨子店), ⓒ 이치로쿠 경매점, ⓓ 양철가게, ⓔ 아리타 도랏쿠, ⓕ 마츠라(松浦) 과자점

는, 마치 사방이 캄캄한 망망대해에서 저 멀리 한 줄기 빛을 뿜어내는 등대와 같다.

그림엽서를 읽을 때 마침 낯익은 건물이 등장하면 일이 훨씬 쉬워진다. 그 건물을 기준으로 주변을 관찰하면 되기 때문에 절반쯤은 진행된 거나 마찬가지다. 하지만 눈에 익은 건물이 하나도 없다면 그때부터는 좀 난감해진다. 몇 차례 더 살펴봐도 도저히 짐작 가는 데가 없다면, 그 그림엽서 해석 작업은 좀처럼 진전되기가 어렵다. 이럴 때는 비슷한 사진을 찾아 건축물을 비교해가며 실마리를 풀어가는 방법을 추천한다.

[그림 2-6]의 위 사진에서 얻을 수 있는 정보는 하단에 적힌 '인천궁정(仁川宮町) 공원통(公園通)'이라는 글자가 전부다. 이리저리 살펴보지만 낯익은 건물이 한 채도 없다. 간판에서 얻을 수 있는 정보라야 '사쿠라맥주(サクラビール)', '인단(仁丹)', '식(食)' 정도. 이것만으로는 단서를 잡기가 어렵다. 간판에 부착된 전등 아래 상점 이름으로 보이는 글자가 있으나, 인쇄과정에서 생긴 망점으로 식별이 어렵다. 이 시기의 간판은 상호보다 상품광고를 더 크게 표기했다.

이때 구세주처럼 등장한 것이 [그림 2-6] 아래 사진이다. 이 사진이 없었다면 [그림 2-6]의 위 사진은 미지의 영역으로 남았을 것이다.

사실 초보자는 수많은 사진 자료 가운데, [그림 2-6] 위와 아래 사진의 유사성을 찾아내기도 쉽지 않다. 그런 마당에 사진과 사진 사이의 상관관계를 알아내기는 더 어려운 일이다. 하지만 어려울수록 돌아가라는 말처럼 이럴 때는 시간이 필요하다.

내가 [그림 2-6]의 위, 아래가 같은 장소를 촬영한 사진으로 판단한 것은 [그림 2-6] 아래 사진 좌측에 있는 서양식 건물 때문이었다. 이 건물은 조선 최고의 서양요리점으로 이름을 날린 '토요켄(東洋軒)'이다. 건물 일부만 보고도 어떤 건물인지 특정할 수 있으려면 그 건물 전체의 외형을 기억해야 한다. 특정한 대상에 관심을 두고 자주 보다 보면 자연스럽게 그런 눈이 생긴다.

특정 건물의 정체를 알아냈으니, 이제 그 건물의 정확한 위치를 알아낼 차례다. 일제강점기에 발행된 자료는 토요켄의 위치를 '궁정(신생동) 22번지'로 기록하고 있다. 하지만 포털 사이트 지도에서는 이 주소로 검색할 수가 없다. [그림 2-8]은 『조선신문』 1933년 1월 1일 자에 실린 니시이 유리점 광고인데, 이 광고에 기록된 '신생동(궁정) 21번지'도 현재 지도에서는 검색되지 않는다. 당시의 지적(地籍)과 현재 사용하는 지적이 달라서 생기는 문제다. 그래도 방법은 있다. 당시 지적은 국가기록원이 제공하는 지적 아카이브에서 확인할 수 있다. 확인

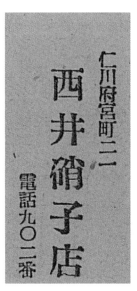

▲ [그림 2-8] 조선신문에 실린 니시이 유리점 광고.

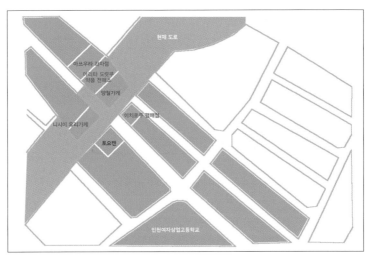

▲ [그림 2-9] 현재의 도로망 위에 일제강점기 도로망을 올리고 건물의 위치(청색 글자)를 표기한 그림이다.

결과 토요켄이 있던 곳은 '중구 우현로 18-1(중구 사동 26-8)'. 현재 이곳에는 새로 지은 2층 건물이 들어서 있고 그곳에 무역회사와 간판 가게가 입주해 있다.

다음으로 진행할 작업은 정체를 알아낸 건물의 주변을 살피는 일. 그러나 이 역시 오늘날의 지도로는 불가능하다. 일제강점기엔 도로의 폭이 10m에 불과했다. 그러던 것이 해방 이후 확장공사를 하면서 거의 두 배에 가깝게 넓어졌다. 그래서 과거의 가로(街路) 형태를 요즘 지도 위에 얹어 사진 속 시점의 가로망을 복원해야 한다. [그림 2-9]는 바로 그런 작업을 거친 것이다. 수기 지도와 지적도를 바탕으로, 인천광역시 지도 포털에 과거의 토요켄과 그 주변 건물의 위치를 표기한 그림이다.

여기까지 작업이 진행됐으면 이제부터는 건물의 형태를 비교해 어느 건물과 어느 건물이 동일 건물인지를 밝혀보자. 일단 토요켄에서 사거리 너머에 있는 건물(ⓑ)은 '니시이 유리점(西井哨子店)', 토요켄 맞은편 건물(ⓒ)은 '이치로쿠 경매점', 그리고 ⓓ 는 양철가게, ⓔ는 아리타 도랏쿠(有田トラック), ⓕ는 마츠라(松浦) 과자점이다. [그림 2-6] 아래 사진 ⓔ 간판에서는 '有田ラック' 정도만 보이지만, 가게 앞에 내건 입간판에 '아리타 도랏쿠 인천영업소(有田トラック仁川營業所)'라는 글자가 보인다. 그리고 한국 전력공사의 전신, 경성전기주식회사가 1935년에 발간한 『발전하는 경성전기(伸び行く京城電氣)』에 수록된 인천지점에서 간판 글자가 명료한 사진을 찾을 수 있었다. 국가전자도서관이 제공하는 서비스를 이용하면, 이 책을 비롯해 일제강점기에 발행된 많은 서적의 원문을 열람할 수 있다. 이처럼 그림엽서만으로 해석이 어려울 때는 다른 사진 자료를 보완해 좀 더 정확하게 그림엽서를 읽을 수 있다. 참고로 경성전기 인천지점 사진에서는 마츠라 과자점 간판도 확인할 수 있다.

이제부터는 [그림 2-6]의 ⓑ, ⓒ, ⓓ 건물을 하나씩 세밀하게 관찰해보자. ⓑ로 표기된 상점의 1층 진열장과 1층 눈썹지붕, 2층의 목조 비늘판벽과 지붕의 모양. 이러한 점들을 볼 때 같은 건물임을 알 수 있다. ⓒ에서는 1층 벽, 2층 창문이 같은 건물임을 알려주는 건축 요소이고, 좀 더 확실하게 하려면 창살의 수를 세어보는 것도 좋은 방법이다. ⓓ에서는 1층 눈썹지붕(벽이나 지붕 끝에 단 작은 지붕) 추녀마루와 망와(望瓦: 일본에서는 '스미오니(隅鬼)'라는 명칭을 쓴다.), 전등, 2층 비늘판벽 등을 관찰하면 동일 건물이라는 확신이 생긴다. [그림 2-6] 위, 아래 사진 오른쪽에 있는 전신주가 기울어진 모습도 같다. 결론적으로 두 장의 그림엽서 속 사거리에서는 토요켄 건물만 신축되었을 뿐, 다른 건물들은 여전히 과거의 모습 그대로다.

내친김에 토요켄을 좀 더 살펴보자. 토요켄이 인천에서 영업을 시작한 건, 개항을 하고도 21년이 지난 1904년 10월이었다. 개업 시기를 추정할 만한 자료는 『조선신보(1906.9.15.)』에 기재된 토요켄 광고다. 그 시절 제물포항에는 독일 러시아 미국 프랑스 청나라 등 여러 나라 사람이 드나들었다. 한때 조선 최고의 물동량을 기록했던 무역항이었다. 그랬던 것에 비하면 인천에 정통 서양 음식점이 생긴 시점은 꽤 늦은 편이었다고 할 수 있다. 하지만 명성이 퍼지는 속도만큼은 그 어떤 음식점 못지않게 빨라서, 생긴 지 얼마 되지 않아 토요켄은 인천을 넘어 한반도 전역에서 유명한 음식점으로 자리 잡았다.

처음에는 작은 규모로 시작했다. 토요켄 창업자 스기모토(杉本吉太郎)는 유럽에서 여러 해 동안 머물며 요리를 배웠고 그렇게 쌓은 실력을 바탕으로 조선 땅에서 자신만의 독특한 요리법을 선보여 인기를 끌었다. 날이 갈수록 손님이 늘었고 창업한 지 2년 만에 큰 건물을 구해 음식점을 이전했다. 그곳이 바로 '신생동 22번지'였다. 1921년에는 일본식이었던 건물을 허물고 그 자리에 서양식 건물을 세웠다. 음식점이면서 사교장이기도 했던 토요켄에서는 당시 여러 명의 여종업원이 손님을 맞았다. 인천 부가 발간한 『인천부사』(1933년)에는 이 무렵 스기모토는 사망하고, 그 가족이 토요켄을 운영하는 중이라고 기록돼 있다.

인천부청을 비롯한 여러 관공서는 토요켄에서 자주 행사를 열었다. 1929년 11월 16일에는 인천부의회가 회기를 마치고 부윤의 초청으로 토요켄에서 만찬을 했고, 1931년 4월 11일에는 인천우체국장이 관내 유력인사를 토요켄으로 초대하여 신임 피로연을 열었다.

또 국제행사 장소로도 쓰였는데 '인천 미곡대회'가 대표적이다. 2일간의 일정으로 진행된 이 행사에는 우리나라는 물론 일본에서도 많은 유력인사가 참가했다. 첫날엔 경기도지사가 주최하는 대연회가 열렸다. 주최 측은 이 대회를 성공적으로 치르기 위해 최선의 노력을 다했는데, 행사 장소를 선정하는 과정에서 서울 조선호텔과 인천의 토요켄을 두고 막판까지 저울질했다. 조리법과 접객 응대 수준 등 여러 면을 비교한 끝에 결국 토요켄을 개최 장소로 낙점한 것. 당시 토요켄의 위상이 어느 정도였는지를 짐작할 수 있다.

그렇다고 토요켄이 관공서 행사나 대규모 행사가 열리는 장소로만 주로 활용됐던 건 아니었다. 온갖 종류의 모임이 이뤄지는 장소였다. 일제강점기에 활동한 공산주의 운동가 이재유. 그가 주도한 인천적색(赤色)그룹도 1934년 8월 토요켄에서 비밀모임을 가진 바 있다.

　그 당시 전화번호부에는 토요켄과 스기모토 대표의 거주지가 함께 기록돼 있었다. 그러니 아마도 스기모토 대표의 가족도 그 건물에서 살았을 가능성이 크다. 지하실까지 갖추고 있던 이 건물에서 만든 케첩과 오이절임(그린피스)이 전국으로 팔려나가기도 했다.

　1945년 8월, 마침내 해방이 찾아오고 조선에 거주하던 일본인들은 썰물처럼 한반도를 빠져나갔다. 이때 토요켄에도 변화가 찾아올 뻔했다. 1945년 12월 토요켄을 노동자 공동식당으로 바꾸려는 시도가 있었던 것이다. 그러나 이 시도는 무산되었고 토요켄은 레스토랑 영업을 계속 이어갔다. 일제강점기에 사용하던 전화번호 '519'도 그대로 사용했다. 해방되고 난 후 국내에 거주하던 일본인들은 가입했던 전화에서 그해 10월 22일까지 탈퇴해야만 했다. 정해진 시일까지 탈퇴하면 교부금 350원을 받을 수 있었고, 그렇지 않으면 몰수당했다.

　잠시 머문 것에 불과하긴 했지만, 백범 김구 선생도 토요켄과 인연이 있는 인물이다. 해방 이듬해였던 1946년 4월 14일 백범은 1박 2일 일정으로 인천을 찾았다. 38선에 가로막힌 그리운 고향 황해도 해주 대신, 투옥 생활을 했던 인천을 방문한 것이다. 방문 첫날, 과거 자신이 옥살이했던 인천감리서와 노역했던 인천항 축항 건설 현장을 둘러본 선생은 둘째 날 마지막 일정으로 토요켄에서 열리는 인천 유지들의 환영 만찬에 참석했다.

베리키야(ブリキ屋)는 양철제품을 만들던 가게다. 베리키는 블리크(blik: 양철)의 일본식 표현이고, 양철은 안팎에 주석을 입힌 얇은 철판을 말한다. 당시엔 양철을 가공해 물통이며 대야, 물뿌리개, 연통, 물받이 등 집 안팎에서 필요한 다양한 생활 물품을 만들었다. 장난감 중에도 양철로 만든 것이 많았다. 플라스틱 제품이 등장하면서 사라졌던 양철제품은 최근 부는 '레트로(복고)' 열풍을 타고 부활하고 있다.

니시이 유리가게는 햇볕 때문에 제품이 변색되는 것을 막으려고 처마에 포렴을 달았다. 어닝의 일종인 포렴에는 'Toilet Articles'과 '박래(舶來)'라는 글자를 새겼다. Toilet Articles의 사전적 의미는 '몸을 씻고 다듬는데 쓰는 물건'. Cosmetics의 동의어이다. '박래품(舶來品)'은 외국에서 선박을 통해 일본에 유입된 물품을 의미하는 말로 지금은 잘 쓰이지 않는다.

아리타 도랏쿠(有田ドラッグ) 간판이 걸린 상점은 일본 오사카에 위치한 아리타 도랏쿠 상회에서 생산한 각종 약품을 판매하던 가게이다. 아리타 도랏쿠는 우리나라 주요 도시 여러 곳에 전매소를 운영하면서 조선일보, 조선신문, 경성일보 등 여러 신문에 광고를 이어갔다. 광고에는 약품의 효능과 함께 가짜 약품에 주의하라는 내용도 들어있다.

(2) 지형과 건물 모양 탐색하기

'조선 풍속 학생과 교사', 인천향교

평소 눈여겨보지 않았던, 혹은 보고도 하찮게 여겼던 물건에서 어느 순간 새로운 가치를 발견하면 횡재라도 한 듯 기쁨이 배가 된다. 이번에 살펴볼 자료가 바로 그랬다. 애초엔 주목하던 대상이 아니었다. 사진 하단에 적힌 '조선풍속 학생과 교사(朝鮮風俗 生徒と敎師)'라는 글자들이 마치 내게 언질을 주는 듯했다. '저는 자세히 살필 만한 자료가 아니니 그냥 지나치세요' 라고.

그러고도 몇 번 더 볼 기회가 있었지만, 그때마다 아무런 느낌을 받지 못했다. 그러던 어느 날 다시금 이 엽서를 볼 기회가 있었다. 그런데 그날은 왠지 사진 속에서 건물 뒤편으로 흐르는 능선에 눈길이 가서 멈췄다. 어디선가 본 듯한 느낌이 들었다. 퍼뜩 엽서 뒷면을 살폈더니 이런 글자가 있었다.

'인천 시부카와 회엽서점(仁川澁川絵葉書店)'

인천에서 발행된 엽서라는 게 확인된 이상 가만히 있을 수가 없었다. 심증이 가는 곳이 있었다. 나는 서둘러 인천향교로 향했다. 조금은 흥분된 마음을 진정시키며 홍살문과 외삼문을 지나고 드디어 명륜당 앞에 이르렀다. 그런데 그만 그곳에서 맥이 탁 풀리고 말았다. 서둘러 발걸음을 옮기는 내내 머릿속에 그렸던 능선이, 빽빽하게 들어선 키 큰 나무들에 가려 전혀 보이질 않았다. 그래도 그냥 돌아서기는 아쉬워, 100여 년 전 그림엽서 속에서 사진기의 단추를 눌렀을 법한 자리에서 나도 같이 카메라의 셔터를 눌렀다.

　허탈한 마음을 안고 집으로 돌아와 촬영해온 사진과 그림엽 서를 찬찬히 비교해 보았다. 그랬더니 아! 사진에 찍힌 서재와 서무의 위치가 그림엽서 속 건물과 비슷해 보이는 거였다. 뭔가 손에 잡히는 느낌이었다. 순간 가슴 속에서 짜릿함이 일었다. 하나씩 찬찬히 따져보기로 했다.

THE KOREAN TEACHERS & STUDENTS.　　師教ㄴ徒生俗風鮮朝

▲ [그림 2-10] 인천항교 서재와 내삼문 앞에서 촬영된 사진. 엽서 하단의 '조선풍속 학생과 교사'라는 글자만으로는 사진 속 장소가 인 천이라는 사실을 짐작하기 어렵다.

향교는 전국 어디에 있는 것이든 얼핏 보면 차이를 발견하기 어려울 정도로 비슷비슷하다. 하지만 자세히 들여다보면 똑같은 생김새의 향교는 거의 없다. 향교가 들어선 지역과 장소에서부터 차이가 생겨난다. 향교를 구성하는 건물의 배치방식과 문에 그려 넣은 태극 문양, 계단의 유무와 단수 등 여러 가지 건축 요소가 차이를 만들어낸다. 대한민국에 현존하는 향교는 모두 234곳. 그중 수도권에 31곳(서울 1, 인천 4, 경기 26)이 있다.

향교의 공간배치는 대성전과 강당(명륜당)의 위치에 따라 전학후묘(前學後廟)와 전묘후학(前廟後學)으로 나뉜다. 전학후묘는 유생들이 모여 공부하는 강학 공간인 명륜당을 앞에 두고 성현의 위패를 모신 대성전을 뒤에 배치하는 방식이다. 즉, 앞에 배움터가 있고 뒤에는 사당이 있는 배치를 말한다. 전묘후학은 그 반대의 배치방식이다. 대성전이 앞에, 명륜당이 뒤에 있다.

이 그림엽서에 촬영된 건물은 좌측부터 서재, 서무, 내삼문 순서로 배치돼 있으므로 강학 공간-동·서재-내삼문-동·서무-대성전 순서로 배치된 '전학후묘'형 향교임을 알 수 있다. 경기지역 향교 가운데 이에 해당하는 향교는 인천, 양천, 부평, 수원 등 26곳. 아직은 대상을 구체화하기에 많은 숫자다.

이번엔 강당과 유생들의 생활공간 양재(동재와 서재)의 관계가 어떤가에 따라 구분해봤다. 두 건축물의 배치에 따라 양재가 강당 앞에 있는 전재후당, 양재가 강당 뒤에 있는 전당후재, 양재와 강당이 나란한 당재평행으로 구분된다. 그리고 양재가 없는 향교도 있다. 인천향교는 이 가운데 '전당후재'에 해당한다. 앞에서 추려낸 수도권의 26곳 향교 가운데 '전당후재'형 향교는 6곳. 인천향교, 부평향교, 수원향교, 양근향교, 진위향교, 평택향교 등이다. 26곳에서 6곳으로 대상이 크게 줄었지만 아직은 특정하기 어렵다.

향교를 구분하는 또 다른 방법은 내·외삼문에 그려진 태극 문양을 비교해 보는 것이다. 인천향교와 부평향교의 내·외삼문에는 태극 문양이 있다. 강화향교에는 삼문마다 삼태극(빨강, 노랑, 파랑 세 가지 색깔로 이뤄진 태극)이 그려져 있다. 교동향교는 외삼문에는 태극 문양이 없고, 내삼문의 가운데 문에만 태극 문양이 있다. 서울에 있는 유일한 향교, 양천향교에는 내·외삼문 모두에 태극 문양이 있는데, 그 모양이 삼태극이다. 김포향교에는 내삼문에만 태극 문양이 없다. 향교는 언뜻 다 비슷해 보이지만, 문에 그려진 태극 문양 하나도 이처럼 가지각색이다.

문제의 그림엽서 속 향교에는 내삼문 세 개 모두에 태극 문양이 그려져 있다. 그리고 그 모양이 현존하는 태극기 가운데 가장 오래된 것으로 알려진, 미국 스미소니언 박물관에 소장된 '주이 태극기'와 같은 형태이다. 6곳으로 추려진 향교 가운데 이 기준에 일치하는 향교는 인천향교와 부평향교뿐이다.

이제 대상이 인천향교와 부평향교, 두 곳으로 압축되었으니 다음으로는 지형을 따져볼 차례다. 지형도 향교에 따라 커다란 차이를 만들어내는 건축 요소다. 앞 건물과 뒤 건물이 어떻게

놓이느냐에 따라 경사도가 달라지고 그에 따라 건물로 진입하
는 계단의 수가 달라진다.

　　교동향교 내삼문 앞에는 16개의 계단이 있고 강화향교도 이
와 비슷하다. 이들 향교에서 멀지 않은 김포향교와 통진향교 내
삼문 앞 계단도 10단이 넘는다. 그런데 부평향교는 8단, 인천향
교는 5단이다. 강화와 김포 지역 향교와 비교해 인천지역의 향
교 경사도는 가파르지 않은 편이다. 그럼 지금까지 정체를 추적
해온 그림엽서 속의 향교의 내삼문 앞 계단은 몇 개일까. 5개로
인천향교와 같았다. 전학후묘이면서 전당후재이고, 내삼문 세

▼ [그림 2-11] 교동향교 내삼문 앞 계단이다. 내삼문의 위치가 높아 계단이 많고 내삼문 가운데 문에만 태극문양이 있다.

개 모두에 '주이 태극기' 형태의 태극 문양이 그려져 있고, 내삼문 앞 계단이 5개인 것까지. 모든 조건이 인천향교와 일치했다.

물론 그림엽서에 등장하는 향교가 서울 경기지역이 아닌 그외 지역의 향교일 가능성도 완전히 배제할 수는 없다. 하지만 1900년대 초반의 사진 촬영 장비는 지금과는 비교가 안 될 정도로 중량과 부피가 상당했다는 점. 그리고 당시의 도로 사정이나 이동 수단이 그만한 촬영 장비를 손쉽게 운반하기가 여의치 않았다는 점을 생각하면, 서울이나 인천과 경기도 등 서울에서 가까운 지역에서 촬영한 것일 가능성이 크다.

수도권에 있는 향교 가운데 지금까지 살펴본 여러 조건을 충족하는 향교는 인천향교뿐이다. 이 그림엽서는 인천향교의 실체가 담긴 가장 오래된 사진인 동시에, 그동안 베일에 가려졌던 인천향교 내삼문의 모습을 알려준다는 점에서 반갑고 고마운 존재이다.

그간 항공사진을 통해 인천향교 내삼문의 모습을 흔적이나마 찾아볼 수 있었지만, 그마저도 1947년과 1954년, 1967년에 촬영된 자료까지만 등장한다. 어찌 된 일인지 1985년 이후로는 자취를 찾을 수 없다. 그런데 『인천시사』(1982)와 『인천향교』(2017)는 1976년 무렵에 내삼문을 새로 세웠다고 기록하고 있다. 이때 세운 내삼문이 [그림2-12]이다. 1979년에 작성된 인천향교 보수설계도([그림2-13])에도 내삼문이 표기되어 있다.

그림엽서 속 내삼문은 보다시피 이미 많이 쇠락한 상태이

▲ [그림 2-12] 1976년에 개축된 인천향교 내삼문(출처: 『인천시사』 '70년대' 편). 고증 없이 세워져 얼마 지나지 않아 철거되었다.

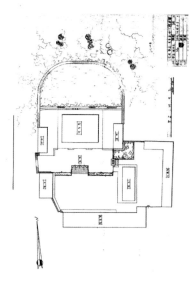

▲ [그림 2-13] 인천향교 보수설계도(1979.6. 출처: 국가기록원).

다. 그렇다면 지금까지 드러난 여러 정황을 근거로 어떤 추론이 가능할까. 원래의 내삼문이 사라진 시점은 명확하지 않지만, 내삼문이 없는 상태로 지내다가 1976년 철근콘크리트조 내삼문을 세운 것이 아닐까. 그러다가 1980년대 이후 철거된 것으로 나는 추정한다.

인천향교를 촬영한 그림엽서는 인천지역 근대식 초등교육 현장을 보여주는 자료이기도 하다. 향교가 전통적인 교육을 넘어 근대교육이 이뤄졌던 공간이라는 점에서 의미를 찾을 수 있다. 조선의 조정은 1895년 갑오개혁에 따라 학부를 개설하고 근대교육의 기틀을 마련했다. 소학교는 3년제의 '심상과'와 2, 3년제의 '고등과'로 구성했으며 수업연한은 5~6년이었다. 또한, 8세에서 15세를 학령으로 정하고 각 부와 군은 관내 학령아동 교육을 위해 공립소학교를 세웠다. 소학교령을 공포한 이후 서울에는 1895년에 교동소학교 등이 세워졌고, 1896년에는 학부가 지정한 인천, 강화, 개성 등지에 소학교가 들어섰다.

이 당시 심상과 교과목은 수신, 독서, 작문, 습자, 산술, 체조 등이었다. 그림엽서 속에 등장하는 철봉은 바로 그 체조 과목을 위해 설치된 것으로 짐작된다. 그런데 이 사진이 인천향교에서 촬영된 것이라면 한 가지 혼란스러운 점이 생긴다. 인천공립보통학교가 개교된 곳이, 지금까지는 인천감리서로 알려져 있었기 때문이다.

여기서 세 가지 가설을 성립할 수 있다. 첫째, 개항장과 인천향교 두 곳에 인천소학교가 개교했을 가능성. 둘째, 인천향교에서 개교했다가 인천감리서로 이전했을 가능성. 마지막 세 번째는 인천감리서에서는 개교한 적이 없고 인천향교에 있던 인천소학교를 폐지하고, 인천 감리서에 인천공립보통학교(현 창영 초등학교)를 세웠을 가능성이다. 학교령을 반포함과 동시에 소학교를 새로 세우기에는 현실적인 어려움이 있으므로, 향교에서 개교한 뒤 이전했을 가능성에 무게가 실린다.

그림엽서에 등장하는 사람은 총 37명. 그 가운데 학생으로 보이는 사람이 전부 35명이다. 맨 앞에 나란히 선 아이가 28명, 철봉에 매달린 아이 3명, 뒤에 선 아이 4명. 학동들은 교복 차림이 아닌 일상복 차림이지만 나름 단정하고, 머리 모양새가 비슷한 걸로 보아 두발 규정이 있었던 듯하다. 사진 중앙의 젊은 남자와 우측의 망건을 쓴 노인 1명은 학생들을 지도하는 교원으로 추정된다. 젊은이가 정교원, 노인은 부교원일 것이다. 이렇게 추정하는 데에는 그만한 이유가 있다.

갑오개혁으로 과거제가 폐지되면서 향교에서 교육의 기능은 사라지고, 향사(享祀)의 기능만 남았다고 알려져 있다. 그러나 상당수의 소학교가 향교에서 개교했다는 사실이 알려지면서 이 주장은 설득력을 잃고 있다.

조선의 마지막 과거시험이 치러진 날이 1894년 5월 15일. 나라의 교육을 다시 일으키겠다는 고종의 뜻에 따라 전국 곳곳에 공립소학교가 설립된 건 1896년이었다. 중간에 2년쯤 국가의 공식적인 교육 기능이 멈춰있었던 셈이다.

　1906년에 반포된 보통학교령에 따라 소학교가 보통학교로 개편된 이후에도 한동안은 향교의 교육 기능이 유지되었다. 공립소학교를 운영하는 데 드는 재정은 국고보조금으로 해결하는 게 원칙이었으나 그것만으로는 부족했다. 하는 수 없이 상당수의 공립소학교가 교원토(校院土: 향교와 서원이 소유한 토지)를 농사꾼에게 빌려주고 그 대가로 받는 곡식, 즉 도조(賭租)로 재정을 충당했다.

　그런데 도조는 향교의 유일하다시피 한 돈줄이었다. 그런 도조가 공립소학교로 술술 넘어가는 꼴을 그 지역의 유림이 가만히 두고 볼 리가 없었다. 당연히 반발이 이만저만한 게 아니었다. 난감해진 조정의 관계자는 한 가지 꾀를 내는데, 그건 유림 가운데 한 사람을 공립소학교의 부교원으로 임명하는 것이었다. 그렇게 함으로써 공립소학교에 대한 향교의 재량권을 묵인하는 것. 이는 유림의 반발도 막으면서 학교운영에 필요한 비용을 안정적으로 조달할 수 있는 나름의 묘책이었다.

　그런데 이 묘책으로 피곤해진 사람들이 있었으니 다름 아닌 사범학교를 갓 졸업한 젊은 교원들이었다. 학교를 제멋대로 주무르던 부교원으로서는 아직 세상의 때가 묻지 않아 정의감이 충만하고 혈기 왕성한 젊은 교원의 존재가 껄끄러울 수밖에 없었다. 그래서 아예 초장부터 기를 펴지 못하도록 교원을 견제했고 그 바람에 젊은 교원들은 첫 부임지에서 고단한 생활을 이어갔다.

젊은 교원과 노회한 부교원의 보이지 않는 싸움은 '페어플레이'가 될 수 없었다. 부임지에서 젊은 교원의 존재는 낯선 외지인에 불과했지만, 그 동네에서 나고 자란 부교원에게 마을은 손바닥처럼 훤한 곳이었다. 동네 사람들과 유림을 등에 업은 부교원은 젊은 교원이 기를 펴지 못하도록 괜한 시빗거리를 만들어 겁을 주곤 했다. 이를 견디다 못한 교원이 첫 부임지에서 멀리 떨어진 학교로 옮기는 일도 종종 있었다.

지금까지 [그림 2-10]에서 확인 가능한 내용만을 제시했다. 그러나 아직 갈 길이 멀다. 이 그림엽서를 촬영한 시기와 사진에 등장한 학생들이 소속돼 있던 학교, 그리고 그 학교와 인천향교의 관계 등 풀어야 할 숙제가 많다.

인천 중구의회 앞, 인천아트플랫폼 앞길

열 살 남짓이나 되었을까. 솔가지를 잔뜩 얹은 지게를 걸머진 소년이 그림엽서 속에서 웃고 있다. 남루한 옷차림과 맨발이 안쓰러워 보이지만 그래도 얼굴은 포동포동한 것이 끼니를 거르는 것 같지는 않아 보인다. 소년의 뒤에서 사진을 찍고 찍히는 장면을 응시하는 어느 일본인. 그의 눈에 비친 소년의 모습은 어땠을까.

그런데 이곳은 조선인의 출입이 통제된 일본인 거리다. 조선인 소년이 어떻게 지게를 메고 거리를 활보할 수 있었을까.

A Korean flower, Seller.　　　　花賣　街風鮮朝

위 아래 사진 ②

Honmachi-dori (Nakacho) Port Chemulpo, Korea. (A)　　（町仲）り通町本港川仁鮮朝

아래 사진 ④

▲ [그림 2-14] 관동 1가와 2가의 경계에서 중구청 방향으로 촬영한 사진이다.

아마도 땔감을 파는 소년이라서 일본인 거리로 들어올 수 있었을 것이다. 그 시절 장작과 숯은 영업장과 형편이 넉넉한 집에서나 사용할 수 있던 연료였다. 그렇지 못한 집에서는 소나무 가지를 몇 묶음씩 사두고 연료로 썼다. 매갈잇간과 정미소에서 나오는 왕겨도 꽤 쓸 만한 연료였다.

엽서 하단에 새겨진 글자도 궁금증을 자아낸다. '조선풍속 화매(朝鮮風俗 花賣 A Korean flower, Seller)'. 다른 그림엽서에 들어갈 식자를 잘못 배치한 것일까. 아니면 식자하는 일본인이 지게에 있는 소나무 가지를 꽃으로 오인했을까.

[그림 2-14]은 인천의 관동 1가와 2가, 중앙동 2가와 3가가 만나는 사거리(신포로 27번길과 제물량로 206번길의 교차점)에서 중구청 정문 방향을 향해 촬영한 사진이다. 두 장의 그림엽서에서 내가 주목한 건 오른쪽 위로 보이는 건물 일부와 나무였다. 사진에 표기된 숫자는 각각 ①은 나무, ②는 전신주와 공중전화 부스, ③은 휘어진 전선, ④는 엽서점을 가리킨다. 아래 사진 ④의 하얀색 진열장의 옆 부분을 확대하면 '시부카와 그림엽서(シブカワ エハカキ)'라는 글자가 보이고 가게 앞에 엽서 샘플을 내 건 모습도 일치한다. 위아래 사진의 ②를 확대하면 당시에 쓰이던 형태의 공중전화 부스임을 알 수 있는데, 이는 인천 우편국 정문 앞에 설치돼 있던 공중전화 부스다.

[그림 2-14] 아래 사진의 일본식 4층 건물은 이토 히로부미가 인천에 오면 묵었다는 아사오카(淺岡)여관이다. 현재 이 자리

COREAN COOLIES TAKING MEAL.　朝鮮勞働者の食事

▲ [그림 2-15] 월미도와 해망산이 보이는 해변에 문을 연 노상 음식점에서 노동자들이 밥을 먹고 있
    다. 이곳의 현재 도로명은 '제물량로'이다

에는 다세대 주택이 들어서 있다.

　[그림 2-15]는 인천 개항장에 관심 있는 사람이라면 굳이 하단에 인쇄된 글자를 보지 않아도 단박에 알 만한 장소다. 우측 언덕은 영국영사관이 있던 해망산, 좌측 뒤편으로 보이는 섬은 월미도다. 그러면 중앙에 차려진 노상 음식점은 지금의 어디쯤일까. 아트플랫폼과 하버파크 호텔 사이 도로(제물량로) 어디쯤일 것이다. 그곳이 부두로 쓰이던 시절, 바닷가에 차려진 노상 음식점이다.

　나지막한 나무판 탁자 위에 밥을 담은 커다란 양푼과 반찬

이 담겼음 직한 그릇들이 놓여있다. 부두 노동자로 보이는 남정네 넷이 밥을 먹고 있고, 패랭이를 쓴 사람이 그 모습을 바라보고 있다. 다른 이들은 모두 머리에 두건을 둘렀다. 아마도 패랭이를 쓴 이가 상인이나 객주일 것이고 두건을 쓴 이들은 부두 노동자일 것이다.

부두 노동자로 보이는 이들 가운데 두 사람이 막 밥을 뜨고 있다. 그중 한 사람은 유난히 긴 젓가락을 들고 있다. 다른 남정네는 여주인으로부터 국그릇을 받고 있고, 서 있는 또 다른 남정네는 이제 막 식사를 끝냈는지 대접의 물을 들이켠다. 바람이 불면 밥상 위로 먼지가 그대로 휩쓸고 지나가는 곳. 젓가락은 제대로 씻지도 않은 채 여러 사람이 돌려가며 사용했다. 20세기 초반 조선의 노상 음식점에서 흔하게 볼 수 있는 풍경이었다.

당시 조선을 통치하던 조선총독부가 식당들의 위생관리에 전혀 개입하지 않았던 것은 아니었다. 그러나 총독부의 위생관리 검열이 미치는 건, 지붕이 있고 벽이 있는 번듯한 식당들에 한했다. 그런 식당에 갈 만한 경제력이 못 되었던 조선 사람들은 위생 상태에는 눈을 감은 채 노상 음식점에서 한 끼 식사를 해결할 수밖에 없었다. 이 문제는 1930년대까지도 해결되지 않았다. 매일신문 1936년 1월 14일 자에는 다음과 같은 내용이 실렸다.

축항 부근에는 식당점의 설비가 없는 까닭에 노동대중은

만진만장(黃塵萬丈)의 대로(大路) 상에서 행상의 음식물을 섭취하지 않으면 안 될 참상이다. 행상의 음식과 기구 등은 심히 불결하고, 진개난비(塵芥亂飛)의 노상이라, 위생상의 견지로도 관심치 않을 수 없거니와 도회의 미화 측면에서도 방임하면 안 될 현실이니, 부 당국에서는 마땅히 금년에는 축항부근에 간이식당을 건설하여 음식판매업자를 수용하는 동시에 경찰당국에 음식물 취체를 의뢰해야 할 것이다(매일신문 1936.1.14.).

조선총독부의 입장을 앞장서서 대변하던 매일신문조차 이 문제를 지적하고 나설 정도로, 인천부는 노상 음식점의 위생관리 문제에서 손을 놓고 나 몰라라 하고 있었다.

⑶ 넓게 보기: 인천 유소년야구

이번에 살펴볼 그림엽서도 전체를 폭넓게 읽지 못하다가 한참 뒤에야 진면목을 알아보게 된 자료이다. 사진 자료를 연구 매체로 활용하는 이유는, 겉으로 쉽게 드러나지 않는 사진 속에 담긴 정보를 알아내기 위한 것임에도 가끔은 그 점을 망각한다. 눈에 보이는 문자에 집중한 나머지 그 이상의 정보는 지나쳐버리는 우를 범하는 것이다. 이번에 살펴볼 자료가 그런 경우였다.

[그림 2-16] 사진 하단에 적힌 '인천사정소학교(仁川寺町小學校)'라는 글자에 시선이 고정되어 학교 건물에만 관심을 뒀었

Jinsen Cnyosen　　　　　校學小町寺川仁　　　（所名川仁）

▲ [그림 2-16] 사정소학교(현 신흥초등학교) 교정에서 조선인과 일본인 유소년이 야구 경기 중 이다.

다. 사진 위쪽으로 병풍처럼 이어진 학교 건물은 목조 비늘판
벽으로 마감한 일제강점기 학교 건물의 전형이다. 1908년부터
1927년까지 사용되던 이 건물을 허문 뒤, 1928년 3월 24일 그 시
대의 건축 디자인 경향을 반영한 세제션 양식의 벽돌조 학교 건
물이 들어섰다. 운동장을 지나 계단을 통해 정문으로 진입하는
방식으로 시퀀스(sequence)를 구성한 건물이다.

　이러한 건물에 관한 정보를 알아내느라 나는 정작 이 사진
의 더 큰 가치를 미처 알아보지 못했다. 이 사진에서 진짜로 눈
여겨봐야 할 것은 건물보다 운동장에서 벌어지고 있는 일이었

다. 알고 보니, 인천에서 벌어진 유소년야구 경기 장면이었다. 현재까지 발견된 자료 가운데 일제강점기의 유소년야구 경기 장면을 담은 유일한 사진이다.

　운동장에선 야구 경기가 한창이고 어른 두 사람이 경기를 관람 중이다. 한 사람은 두루마기 차림에 구두를 단정하게 착용한 조선인이고, 다른 한 사람은 일본 옷을 입고 있다. 선수들의 복장으로 볼 때 조선팀이 수비 중이고, 일본팀이 공격하는 중임을 알 수 있다. 사진 중앙에 뒷짐을 지고 서 있는 사람은 심판(누심)으로 보이고, 경기 장면이 비교적 질서정연한 것으로 보아 친선경기가 아닌 정식경기일 가능성이 크다. 사진 속 야구대회를 추정하기 위해 자료를 검색해보았지만, 사정소학교(이하 신흥초등학교)에서 야구 경기가 있었다는 기사는 찾지 못했다.

　그림엽서에는 변변한 장비도 갖추지 못한 채 경기에 임하는 조선 어린이들의 모습이 그대로 담겨있다. 빈약한 장비와 부족한 지도에도 불구하고 인천 유소년야구는 일찍부터 명성을 날렸다. 그만큼 경기도 자주 열렸다. 동아일보 인천지국은 1922년 6월 7일 오전 9시부터 웃터골 운동장(현 제물포고등학교 자리)에서 제1회 소년야구대회를 개최했다. 참가선수의 연령대는 12~16세, 모두 16개 팀이 참가했다.

　같은 해 8월 14일에는 유년부 대회도 열렸다. 참가선수의 자격은 신장 130cm 이하로 제한돼 있었다. 인천공립보통학교 운동장에서 열린 이 대회에는 13개 팀이 참가했고 관중도 제법 많았으나 갑작스럽게 내린 비로 대회가 중단되었다.

유소년대회 참가선수의 주된 자격요건은 연령대와 신체조건이었다. 전국 소년야구대회에 참가하려면 보통학교나 소학교에 재학하는 학생이면서 키가 155㎝ 이하인 소년이어야 했다. 신체검사는 대회 전날에 실시했다. 인천야구대회 참가 조건에는 인천에 거주한 기간도 포함되었다. 1923년 10월에 열린 제3회 대회 참가 조건은 '인천에서 6개월 이상 거주한 어린이로서 키는 140㎝ 미만'이었고, 1926년 6월 20일에 열린 전 인천 소년야구대회는 만 16세 이하이면서 인천에서 2개월 이상 거주해야만 선수로 뛸 수 있었다. 조선일보 인천지국이 주최한 전 인천 소년야구대회에는 6개월 이상 인천에 거주한 조선인 소년만 참가할 수 있었다.

1928년 6월 동아일보 인천지국이 주최한 제3회 소년야구대회는 참가선수의 연령대에 따라 1부와 2부로 나누어 경기를 치렀다. 1부에는 만 15세 이상이, 2부에는 15세 미만의 선수가 뛰었고 1부 경기에는 5팀이, 2부 경기에는 10팀이 참가했다.

인천 유소년야구대회 심판은 주심과 누심 2명이었고 이때 사용된 공은 학생용 스펀지 야구공, 원식삼호(元式三號) 볼이 사용되었다. 보통 예선전은 5회까지, 결승전은 7회까지 치러 승부를 가렸다.

장소는 주로 '웃터골 운동장'이라 불리던 인천 최초의 공설운동장이었다. 식전행사로 가두행렬이 시작되면 온 인천이 다

인천소년야구대회 우승기 주는 광경

◆主催 東亞日報仁川支局◆
◆後援 仁川朝鮮少年軍◆

第三回
全仁川少年野球大會

日時及場所は追後發表す
主催 朝鮮日報社仁川支局

申請期日 五月二十五日까지
申請處所 朝鮮日報社仁川支局
參加資格 尺一未滿普通學校現在兒童又는一般學齡兒童

仁川年少野球大會

日時 六月二十日午前九時
場所 山根町公設運動場
參加資格 滿十六歲以下者
申請場所 仁川에주잇는 東亞日報仁川支局
申請期限 六月十七日까지
試合用球 仁川에준지
其他注意 近傷은 要求지 못홈
注意書 各申請者는반드시姓名은大書홀事

동아일보 인천지국이 개최한 인천소년야구대회 시상식(1926.6.22.)

인천소년야구대회 광고
(조선일보 1923.5.14., 동아일보 1926.6.23.)

[寫眞은 優勝한 仁川 永化團]

중부소년야구대회에서 우승한 영화학교팀(조선중앙일보 1934.9.13.)

▲ [그림 2-17] 인천 유소년 야구대회 관련 신문 기사들.

축제 분위기로 들썩들썩했다. 선수단과 소년군악대는 행진을
위해 오전 7시나 8시부터 인천공립보통학교(현 창영초등학교) 교
정에 모였다. 소년군악대가 악기를 연주하면서 행렬을 이끌었
고 그 뒤를 선수단이 따랐다. 각 야구단의 앞머리에는 그들을
상징하는 깃발을 든 선수가 앞장섰다. 동네 조무래기들도 덩달
아 신이 나서 행렬의 꽁무니를 쫓았다. 그 시절의 운동경기는

단순한 체육행사가 아니었다. 인천 전체를 들썩이게 하는 그야말로 '빅 이벤트'였다.

입장식은 행렬을 마친 선수단이 운동장에 도착하는 9시에 시작되었다. 우승기 반환식과 시구식에 이어 경기가 벌어졌다. 가두행렬을 시작으로 예선전과 결승전까지 하루에 다 치렀기 때문에 대회는 오후 6시 무렵이 돼서야 끝이 났다. 대회가 열리는 현장은 선수단과 그 가족은 물론 경기를 보러 온 관람객들로 가득 찼다. 그 시절 유력인사라 할 만한 장석우, 강진석, 정운구, 심의숙은 물론이고 이림상회, 대동상회, 애관극장 직원이 야구공을 비롯한 경기 물품과 화환, 문구 등을 지원했다.

여러 신문 기사에 등장하는 당시의 야구단 명칭은 공보(公普), 인보(仁普), 용보(龍普), 호용(虎龍), 공용(共勇), 부용(芙勇), 기봉(起蜂), 활려(活麗), 한용(漢勇), 한흥(漢興), 한기(漢起), 신화수리, 화평, 영화, 엡윗, 강호(强虎), 제2인보, 인천공립보통학교, 사정소학교, 인조단(仁曹團), 인배회(仁培會), 미우소년구락부(米友少年俱樂部), 상우회(商友會) 등으로 매우 다양했다.

이 가운데 인보와 공보, 용보는 보통학교 재학생으로 구성된 선수단으로 보인다. 한용, 한흥, 한기 등 야구단 이름 앞에 '한(漢)'자를 쓴 것이 흥미롭다. 학교팀을 제외하고는 평소 취미로 야구 경기를 즐기다가 대회가 임박했을 때 선수단을 조직했을 가능성이 크다.

동아일보 인천지국이 주최한 인천 소년야구대회 제1회 우승팀은 만석정팀(1926년), 제2회는 신화수팀(1927년)이었다. 제3회에는 학교팀도 참가하여 대회가 더 성황이었다. 3회 대회의 우승은 1부에선 사정팀이, 2부에선 인천공립보통학교팀이 차지했다. 당시 일본 어린이들이 다니던 신흥초등학교와 인천 공립 심상소학교(현 축현초등학교)에도 야구단이 있었다.

1920년대에 성황을 이루던 인천 소년야구대회는 1930년대에 접어들어 중부지역대회로 확대된다. 대회 명칭도 전중선(全中鮮) 소년야구대회, 기호 소년야구대회로 바뀐다. 1934년 중부 소년야구대회에서는 영화팀이 우승했다.

유소년 야구대회가 열릴 정도로 성황을 이룬 인천야구는 전국적으로 명성을 날렸다. 1924년 5월에 열린 전 조선 야구대회 소학단 결승전에서 협성과 맞붙은 인천공립보통학교는 10:7로 승리를 거뒀다. 같은 해 조선일보 주최로 열린 제1회 전 조선 소년 야구대회에서 인천공립보통학교 야구단은 우조(友助) 구락부에 8:2로 패했음에도 대회 본부로부터 화환을 받았다. 애초엔 초등학교 경기에 참여하려 했으나 어쩔 수 없이 나이가 많은 구락부 팀과 맞붙어 패했기 때문이었다.

(4) 작은 것 자세히 보기: 공중전화 부스

인천에 전화가 처음 설치된 건 언제였을까. 이 점은 논란이 있다. 김구 선생의 백범일지에는 이런 이야기가 등장한다. 1896년 8월 26일(음력), 그날은 김구 선생에 대한 사형집행이 예정된 날이었다. 그런데 사형집행을 앞두고 고종이 인천감리서로 전화를 하여 사형집행을 중지하라고 명을 내렸다는 것이다.

하지만 이 극적인 이야기는 반박을 받으면서 일부 내용이 수정된다. 당시엔 전화기가 없었다는 주장이 제기되면서, 고종의 명령이 인천감리서까지 전해진 수단은 전화가 아니라 전보였을 것이라는 추정이 등장했다. 그리고 이후 『문헌에 따른 근대통신(우체 전신 전화)역사』(이봉재 저)가 발간되면서 논란은 새로운 국면으로 접어든다. 책에는, 1896년에도 전화기를 사용했었다는 사료를 근거로 '당시에 전화기가 없었다'라는 주장을 재반박하는 내용이 담겨있다. 여기에다 당시 사형자 명단에 김구 선생이 없었다는 법부(현 법무부)의 기록까지 발견되면서 대체 어디까지가 진실인지 오리무중인 상태이다. 반만년의 역사를 자랑하는 민족임에도 불과 130여 년 전의 역사조차 정확하게 규명하기가 어렵다니 안타까운 일이다.

인천에 최초로 전화가 설치된 시점은 명확하지 않지만, 1890년대 중후반 무렵 인천감리서와 외부(현 외무부) 사이에 전화로 업무를 주고받은 것은 분명한 사실이다. 당시 인천과 서울 사이에 설치된 전화는 관용선으로 일반인은 사용할 수 없었다. 하지만 고관대작에게는 이런 규정이 무의미했다. 1899년 4월 14일자 『독립신문』은 '중로회환'이라는 제목 아래 한규설 대감이 어머니가 당신의 손자를 염려하자, 인천에 전화로 연락하여 아들을 불러들였다는 내용의 기사를 실었다. 그때 열아홉 살이던 한 대감의 아들은 일본으로 유학을 떠나기 위해 인천으로 향하고 있었다.

일반인을 위한 공중전화가 개통된 건 1902년 3월 20일이었다. 통화방식은 교환원을 호출하면 교환원이 상대방 전화에 신호를 보내 통화하는 방식이었다. 당시 사람들은 이를 '자동전화'라고 불렀다. 자동전화라는 명칭은 1927년 7월에 이르러 자동식 교환기가 설치되면서 공중전화로 바뀌었다.

통신업무를 관장하던 통신원은 서울과 인천 사이에 전화를 운용하기 위해 서울에는 한성전보사, 인천에는 인천전보사에 전화소를 설치하였다. 1902년 5월에는 개성전화소가 개설됐고 이듬해에는 평양과 수원, 서울의 서대문과 남대문, 마포, 시흥 등에도 설치되었다.

통화요금은 5분에 50전이었는데 당시 50전(당시 인천항 부두노동자가 12시간 일하고 받는 일당은 60전이었다.)을 오늘날의 가치로 환산하면 10만 원쯤 된다. 비싼 요금 탓에 일반인들이 사용하기는 쉽지 않았다. 통화하려면 전화소로 직접 가야 했고, 오전 7시부터 오후 10시까지로 통화 가능 시간이 정해져 있었다. 다른 사람이 통화하려고 기다리고 있을 때는 10분 이내로 전화를 끊어야 한다는 규칙도 있었다.

1923년 당시 인천에는 축현역 앞, 인천공원 근처, 인천역 앞, 우편국 앞, 세관 앞까지 5개소의 공중전화가 운영되고 있었다. 이 5개의 공중전화에서 얻은 연간 수입액은 560원 35전이었다.

▲ [그림 2-18] 인천우체국(위 사진)과 인천항 부두(아래 사진)에 있던 공중전화부스.

1924년 4월에는 인천우편국 옛 청사에서 운영하던 공중전화를 월미도 유원회사 정문 부근으로 옮겼다. 당시 신문 기사에는 '세관 앞'이라고 명시돼 있어서 세관이 나온 그림엽서를 죄다 살펴봤지만 아쉽게도 공중전화의 흔적을 찾을 수 없었다. 아마도 세관 근처 인천항 안에 있던 공중전화를 그렇게 표기한 것이 아닌가 싶다. '인천우편국 앞'은 현존하는 우편국 앞이 아니라, 인천 중구청 안에 우편국이 있을 때 설치한 것을 말한다.

당시 공중전화기는 종종 범죄의 표적이 되곤 했다. 통화요금으로 지불한 동전이 전화기 안에 들어있을 때가 많아, 이를 훔쳐 가는 일이 벌어지곤 했다. 1925년에는 인천우편국이 인천 축항 안에 설치한 자동전화기가 파괴되는 일이 있었고, 1932년 4월에는 인천역 구내 공중전화기가 없어졌다.

1937년 7월 1일부터는 인천 시내 공중전화 요금이 10전에서 5전으로 대폭 인화됐다. 인천전화국의 호출 구역도 넓어져서 월미도와 숭의동까지 통화지역에 포함되었다.

3. 조합과 분석

(1) 정보의 조합: 조각보 만들기

사바틴의 숨겨진 작품, 신동공사

지난 2020년은 한국과 러시아가 수교한 지 30주년이 되는 해였다. 이를 기념하여 문화재청은 그해 10월 19일부터 11월 11일까지 덕수궁 중명전에서 특별 전시회를 개최했다. '1883 러시아 청년 사바틴, 조선에 오다 – 사바틴이 남긴 공간과 기억'이라는 제목의 전시회였다. 코로나19 상황에서도 문화재청장과 주한러시아 대사가 기자간담회에 직접 참석한 것을 볼 때, 주최 측에서 얼마나 무게감 있게 준비했는지를 짐작할 수 있다.

하지만 이 전시회 제목은 엄밀히 말해 오류가 있다. 사바틴은 '러시아 청년'이 아니었다. 그는 우크라이나 폴타바에서 태어났다. 사바틴을 러시아 청년이라고 하는 것은, 베를린 올림픽의 영웅 손기정을 해외에서 '일본인 청년'으로 잘못 알았던 것과 비슷하다.

사바틴은 1883년 말부터 1904년 초까지 조선에 머무르며 근대건축물의 설계와 공사에 관여했던 인물이다. 조선 땅에 머무는 20여 년 동안 인천과 서울에서 각각 10여 년을 거주하면서 많은 근대건축물을 설계했다. 그에 관한 특별전이 열렸던 덕수궁 중명전 역시 그가 남긴 작품 가운데 하나다. 그는 자신을 '대한제국 황제 폐하의 건축가'라고 칭했는데, 이 표현이 절대 과장이 아닐 정도로 중명전뿐 아니라 구성헌, 돈덕전, 정관헌 등 덕수궁 내의 여러 건축에 관여했다. 인천에서도 그의 자취를 여러 군데서 찾을 수 있다. 인천해관(세관) 청사, 제물포 구락부, 세창양행 사택, 러시아 인천 영사관 등이 그의 손을 거쳐 탄생했다.

'1883 러시아 청년 사바틴, 조선에 오다' 전은 사바틴이 조선에 머무는 동안의 행적을 샅샅이 다뤘다고 알려졌다. 하지만 그런 전시회에도 등장하지 않은 사바틴의 건축물이 있는데 그건 바로 인천의 신동공사(紳董公司)다.

신동공사는 조계지에 거주하는 외국인의 이익을 위해 만든 일종의 자치기구이다. 인천감리와 영국·미국·독일·청국·일본 등 5개국 대표가 모여 신동공사를 만들었다. 인천뿐 아니라 마산과 목포에서도 운영되었다. 조계 제도는 1914년에 철폐되었는데, 그전까지 신동공사는 개항장 인천에서 일본제국을 등에 업고 발호하던 일본인들에게 상당히 압박을 가하던 존재였다.

인천 신동공사가 있던 자리는 지금의 인천 중구 송학동 3가 3-1. 인성여고 다목적관에서 홍예문으로 오르는 길 오른쪽에 있는 공용 주차장 자리다. 한여름에는 우거진 수풀에 가려 잘

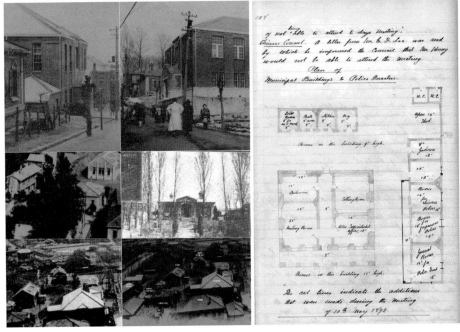

▲ [그림 2-19] 신동공사가 등장하는 사진 자료와 각국 조계지 회의록에 첨부된 설계도.

보이지 않는다.

　그 옛날 인천의 신동공사 건물은 어떤 과정을 거쳐, 어떤 모습으로 만들어졌을까. 건물을 지을 땅을 사들인 건 1891년 5월 7일이었다. 대지 3,780㎡를 2천 달러에 사고 10월 22일에 권리증을 받았다. 건축에 필요한 전반적인 내용을 정한 건 1892년 5월 10일에 열린 회의에서였다. 세창양행 지점장이었던 독일인 칼 볼터(K. Wolter)가 방 4개로 구성된 본관과 별관, 경찰 숙소, 창고 등이 그려진 설계도를 회의 안건으로 제시했다. 본관 외벽은 벽돌 두 장 두께(2B), 내벽은 한 장 두께(1B)였다. 실내 바닥에는 마룻널을 깔고, 문과 창문은 경목(hard wood)으로, 지붕은 일본식 기와로 마감한다는 내용도 거론되었다. 외벽 두께에 대해서는 1B로 시공하면 공사비 200달러를 절약할 수 있으나, 그러면 장차 2층으로 증축하기가 불가능하다는 의견도 나왔다. 인천 해관장이었던 스트리플링(M. Stripling)이 제안한 경찰 숙소 앞 포치와 숙소 창문 설치 안도 이날 회의에서 채택되었다. 스트리플링의 제안이 설계도에 붉은색으로 표시되어 있다[그림 2-19].

1892년 6월 7일 입찰공고를 거쳐, 8월 25일 회의에서 3천 200달러라는 가장 낮은 공사비를 제시한 중국인 건축업자 루이링을 시공자로 선정했다. 시공은 최초의 설계도면대로 진행되지 않았다. [그림 2-19]의 사진을 보면 전면에 본관을 두고 중간에는 요리공간, 뒤편에는 2층 규모로 지은 경찰 숙소가 배치돼 있다. 인천부사 기록에 등장하는 감옥은 경찰 숙소 1층에 있었을 가능성이 크다.

신동공사의 회의 장소는 새로 지은 회관 건물에 입주하기 1년 전부터는 영국 인천 영사관이었고, 1893년 11월 6일 신축 회관에서 첫 회의를 열었다.

그렇다면 신동공사 회관을 설계한 이는 누구일까. 당시 각국 조계지 회의록에는 이에 관해 명확하게 언급한 내용이 없다. 하지만 설계자가 누구인지를 추정할 만한 근거는 회의록 곳곳에서 발견된다. 공사감독과 설계변경을 책임지고 수행할 건축사로 사바틴을 선정했고, 그 비용은 볼터가 치렀다는 것과 1893년 4월 7일 회의록에는 신동공사 회관 시공에 관하여 사바틴의 조언을 들었다는 내용이 담겨있다.

그리고 결정적으로 신동공사 본관은 제물포 구락부와 한 배에서 태어난 형제라 할 정도로 닮아있다. 경사지를 이용하여 반지하 1층과 지상 1층을 두는 층 배치부터 지하층은 석조로, 지상층은 벽돌조로 쌓은 구조방식이 쏙 빼닮았다. 좀 더 세부적인 사항에 이르면 두 건물의 유사성은 더욱 확연해진다.

인천 중구청 뒤편으로 자유공원 정상에 오르는 언덕에는 사바틴의 자취가 밀집돼 있다. 홈링거 양행 옆으로 난 돌계단을 따라 오르면 만나게 되는 제물포 구락부와 세창양행 사택도 그가 남긴 작품들이다. 응봉산 정상으로 오르는 구릉은 '사바틴의 언덕'이라 부를 만하다.

여러 가지 정황으로 볼 때 세창양행 사옥과 헨켈 저택도 사바틴이 설계했을 가능성이 크다. 이참에 '러시아 인천 영사관 – 인천세관(해안동) – 홈링거 양행 – 제물포 구락부 – 자유공원 – 세창양행 사택 – 신동공사'로 이어지는 '사바틴 루트' 개발도 검토해봄 직하다.

서울과 인천에 거주하는 각국 공사와 유력외국인으로 구성된 신동공사는 서양인이 주축을 이뤄 자신들의 이익을 위해 일본인과 중국인의 행동에 상당한 영향력을 미쳤다. 신동공사에 소속된 일본 경찰과 중국 경찰을 감독하던 경찰서장, 금전 출납 업무를 담당한 사무원은 서양인이었다.

그러나 일제 강점으로 신동공사는 힘을 잃었고, 1914년에 조계지가 폐지되면서 급기야 막을 내린다. 그 후 본관은 인천병원장의 관사로 전용되었고, 당당하던 신동공사의 모습은 온데간데없이 사라졌다. 조선총독부가 근정전 바로 앞에 조선총독부를 세웠던 것처럼 신동공사 본관 바로 앞에 인천공회당(인천상공회의소)이 세워지면서, 앞마당과 진입로는 사라졌고 인천공회당의 부속건물처럼 보이게 되었다.

삼우인쇄소 자리에는 군회조점이 있었다

드라마 〈도깨비〉의 촬영지로 유명해진 인천아트플랫폼. 인천시가 중구 해안동 1가 일대에 조성한 이곳은 옛 일본우선주식회사 인천지점을 비롯한 13채의 근대 개항기 건축물을 리모델링해 만들었다. 총 223억여 원의 사업비가 쓰인 것으로 알려졌다.

조성공사에 앞서 대상이 될 건물에 대한 조사가 당연하게 이뤄졌고, 이를 바탕으로 『인천근대건축』이라는 책자를 발간하기도 했다. 그러나 이 책자는 오류가 많아 배포조차 할 수 없는 안타까운 수준에 그치고 말았다. 그런데 인천아트플랫폼은 개관 이듬해인 2010년 우수한 건축물에 주는 상을 받았다. 근대 건축물을 보존 및 활용했다는 점에서 좋은 평가를 받았다. 설계에 앞서 조사가 제대로 이뤄지지 않았고 그 때문에 역사 문화적 가치가 큰 건물 여러 채가 멸실한 사실은 주목받지 못했다. 전

원형으로 추정되는 모습(1956년 동아산업주식회사)

1층 일부만 증축된 모습(1960년 해운회사)

[그림 2-20]
코오리 카이소우텐
(군회조점: 郡回漕店).

인천 아트플랫폼으로 개축된 모습(2009년)

체 건물 중 5채만 옛 건물이다.

현재 인천아트플랫폼의 경비실이 위치한 건물에는 2000년대 초까지 '삼우인쇄소'가 입주해 있었다. 건물에 관한 정확한 유래는 알려지지 않았었는데, 리모델링 공사를 하던 중에 1902년 한 일본인이 써놓은 상량문이 발견되었다. 그 일본인은 코오리 킨자부로(郡金三郎)라는 무역 및 해운업자였다. 이를 근거로 삼우인쇄소가 들어서 있던 건물은 '1902년에 코오리 킨자부로라는 일본인이 세운 코오리 카이소우텐(군회조점: 郡回漕店) 본사 건물'이었다는 것을 알 수 있었다.

처음에는 이 건물의 원형을 몰랐다. 증축과 리모델링을 거치면서 입면의 변화가 커서 건립 당시와는 많은 차이가 있었기 때문이다. 얼핏 봐서는 도저히 알아내기 어려울 정도로 다른 모습이었다. 그런데도 삼우인쇄소로만 불리던 건물의 원형을 찾을 수 있었던 것은 원형에서 현재의 모습으로 바뀌는 중간과정을 기록한 사진 자료가 있어서 가능했다[그림 2-20의 가운데 사진].

(2) 반대 방향을 촬영한 사진 찾기

가난한 조선인 대신 일본인 상인들이

한 장소를 어느 한쪽에서 바라보고 찍었을 때와 그 반대편에서 바라보며 찍었을 때의 느낌은 사뭇 다르다. 그래서 수많은 사진 가운데 같은 장소를 서로 다른 방향에서 찍은 두 장의 사진을 골라내기가 의외로 어렵다. 사진 속 세부 요소를 비교해가며 공통점을 찾아내는 능력이 필요하다.

[그림 2-21]에 제시한 두 장의 그림엽서에서 가장 확실한 공통점은 간판에 있다. 위쪽 사진 좌측에 걸린 간판(①)에서 '양주 식료품 오치(越智)상점'이라는 글자를 어렵지 않게 찾을 수 있고, 아래쪽 사진의 간판(①)에서는 '양과자상(洋菓子商) 지(智)상점'이라는 글자가 선명하게 보인다. 여기까지 확인했으면 그다음 단계는 '오치상점'에 대한 정보를 찾는 과정이다. 그런데 서울에 있는 인쇄소 상호가 '오치 상점'이라는 것 말고는 별달리 유용한 정보가 없었다. 다른 단서를 찾기 위해 건축물을 구성하는 요소를 비교해봤다.

사진에 ②를 표기한 부분은 일본 건축물 외부 창문에 설치하는 아마도(雨戸)와 토부쿠로(戸袋)이다. 거센 바람이나 비로부터 창문을 보호하는 장치다. ③은 사거리 건물 모서리에 설치한 전등이다. 두 그림엽서 속 장소가 같은 곳이라는 결정적인 단서는 ④라고 표기한 창문이다. 이 부분을 비교하면 동일 건물이라는 확신이 생긴다. 오치 상점과 마주 보는 상점(④)은 메이지야(明治屋)인데, 이 건물의 서까래도 같은 건물임을 알 수 있는 단서이다.

수백 장, 혹은 수천 장에 이르는 이미지를 적절한 기준에 따라 유형화하는 작업은 그림엽서 연구에서 중요한 과정 중 하나다. 나는 이 두 장의 그림엽서를 '신생동'이라는 카테고리로 분

MIYAMACHI-DORI, CHEMULPO, COREA. (B)
韓國仁川港宮町通

Miyamachi-dori, Port Chemulpo. Corea. (B)
朝鮮仁川港宮町通リ

▲ [그림 2-21] 메이지야(④)가 있던 자리에는 현재 신포동 행정복지 센터가 들어서 있다. 두 장의 그림엽서는 신포동 행복센터 뒤편 사거리의 100여 년 전 모습을 담고 있다. 위 사진은 북서쪽에서 남동쪽으로, 아래 사진은 남동쪽에서 북서쪽으로 촬영한 것이다. 위 사진 끝에 보이는 나무 안쪽으로 인천신사가 위치하며, 아래 사진 능선은 응봉산 자락이다.

류해놓았었다. 엽서 하단에 인쇄된 '인천궁정통(仁川宮町通)'이라는 글자가 근거가 되었다. 이런 분류 작업 덕분에 이 두 장의 그림엽서를 면밀하게 살필 기회가 있었다.

이 두 사진은 서로 다른 시기에 촬영된 것이다. 위의 사진에는 '한국인천궁정통'이, 아래 사진에는 '조선인천궁정통'이라는 글자가 찍혀 있는 것으로 미루어 알 수 있다. 일제는 우리나라를 대한제국 시절부터는 '한국'으로, 강점 이후에는 '조선'이라 불렀다.

전신주의 모습도 두 그림엽서 사이에 시간의 격차가 있음을 알려준다. 도로의 표면은 두 그림엽서가 다 비포장이지만, '한국인천궁정통'이라 쓰인 그림엽서에선 보이는 자갈이 '조선인천궁정통'이라 적힌 그림엽서에선 보이지 않는다.

도로에 자갈을 깔았던 것은 신생동(궁정)의 토질과 관련 있을 것이다. 신생동 일대는 습지여서 사실 주거용 집을 짓고 살만한 땅이 아니었다. 그러다 보니 지세가 저렴한 편이었고, 주로 지방에서 일자리를 찾아 인천으로 삶의 터전을 옮긴 가난한 조선인들이 정착해서 살았다. 그들은 중국인 지주 오례당에게 매년 지세를 내면서 집을 짓고 살았다. 인천 해관원이었던 오례당은 많은 땅을 소유한 대지주였다. 조선 정부가 고용한 다른 세관원들도 대부분 땅부자였다.

다른 지역에서 이주한 가난한 조선인들의 정착지였던 신생동 일대는 러일전쟁을 기점으로 변화를 맞이한다. 러일전쟁이 일본의 승리로 막을 내리자 많은 일본인이 인천으로 몰려와 이 곳에 집을 지은 것이다. 그러면서 조선인들이 살던 초가는 철거되었고 일본식 목조건물들이 시가지를 메우기 시작했다.

당시 인천의 다른 나라 조계지는 애초부터 주택을 지을 목적으로 조성되었기에 도로와 필지에 관한 계획이 세워져 있던, 나름 계획도시로서의 면모를 갖추고 있었다. 하지만 신생동 일대는 그렇지 못했다. 일본인들이 들어온 뒤에도 도시환경이 크게 개선되지 않았다. 조선인이 떠난 자리에 그대로 상점을 짓고 살다 보니, 신생동(궁정)과 신포동(신정) 지역은 도로가 좁고 불결해서 도심의 기능을 다 하지 못했다.

설상가상으로 1907년 3월, 큰 화재가 발생해 400여 채에 이르는 가옥이 불에 타버리면서 지역 전체가 잿더미로 변했다. 일제는 이를 전화위복 삼아 이 지역에 시구개정을 실시하려고 했다. 도로와 교량, 하천을 근대적으로 정비하여 구획별로 건축물을 근대화하는 사업을 전개하려 했던 것. 그러나 토지소유자들의 비협조로 사업은 진전되지 못했다. 인천의 일본거류민단이 지주들을 설득해 도로 폭을 1.8~3.6m 확장하고, 도로와 하수구를 개량하는 수준에 그쳤다. 이때 만들어진 도로구조가 지금까지도 이어지고 있다.

[그림 2-21]에 ④로 표기한 상점 메이지야는 나가이 이치타로(永井市太郎)라는 일본인이 차린 가게다. 후쿠이(福井)현 출신인 그는 러일전쟁 직후인 1905년 12월 조선으로 건너와, 전라북도

군산에 있는 농업회사 불이흥업(不二興業)에서 일하다가 1년 후 인천으로 왔다.

나가이 이치타로는 사업 수완이 남다른 인물이었다. 아사히(朝日)양조가 활로를 잃어가고 있을 무렵 양조기술을 개선하고 판로를 넓히는 능력을 발휘하더니, 영종도에서 금광을 운영하는 등 사업영역을 넓혀갔다. 1936년 4월에는 송도유원주식회사 대표로 취임했다. 1926년 1월 인천상공회의소 평의회에서 축현역의 명칭을 바꾸는 안건을 두고 토론할 때, '신인천역'이라는 명칭을 제안한 것도 나가이 이치타로 그였다.

간판에 '양주 식료품 오치(越智)상점'이라 씌어 있는 오치상점(①)은 양주와 식료품뿐 아니라 담배도 취급했던 듯하다. 상표가 명확하게 드러나지는 않지만 '오치상회', 'Turkish Cigarette'이라 쓰인 간판을 크게 내걸고 있기 때문이다. 그 건너편은 이토(伊藤) 양품점인데 가게 입구에 놓인 우산이 이채롭다. 서양식, 일본식 잡화와 더불어 이 가게에서도 역시 담배를 팔았다. 상점 정면에 걸린 간판 외에 별도로 내건 돌출형 간판에 'G.D. Best Turkish Cigarette'라고 적힌 것으로 보아 알 수 있다. 당시 터키담배(Turkish Cigarette)는 니코틴 함량이 적고 달콤한 향기가 나서 애연가들 사이에서 인기가 많았다.

그림엽서를 찬찬히 살피다 보니, 위쪽에 놓인 그림엽서에서 반가운 모습이 보인다. 사진 우측에 모자를 쓰고 서 있는 소년 옆 진열장에 그림엽서 여러 장이 붙어 있다. 이 가게에서도 그림엽서를 팔았던 모양이다.

전봇대 광고판에 등장한 카부토 맥주(カブトビール: 加武登麦酒)는 1898년부터 1943년까지 제조되던 맥주다. 1900년 파리 만국 박람회에서 주류 부분 금메달을 수상할 만큼 인정받던 맥주였다. 그러나 1906년 12월 이후 여러 맥주회사와의 병합을 거듭하면서 회사명도 몇 차례 변화를 맞아야만 했다. 1933년 7월에는 대일본맥주 주식회사가 되었다가 1943년에는 급기야 기업 정비령 적용으로 공장이 폐쇄되면서 카부토 맥주는 역사 속으로 사라졌다. 그러다 2005년에 복각판이 만들어지면서 60여 년 만에 부활한 카부토 맥주가 현재 일본에서 시판 중이라고 한다.

'가부토(兜)'는 중세일본 무사의 투구를 말한다. 맥주 이름을 '가부토'라 지은 것은 청일전쟁에서 승리했던 시대적 특성이 반영된 것이라는 설이 전해 온다.

전봇대 앞 상점은 무라우에(村上) 상점으로 게다(일본식 나막신), 고무 신발, 버선, 운동화 등을 판매하던 신발가게였고, 그다음 건물은 진세이도(仁生堂) 약국이었다. 오치 상점 다음 건물(1, 2층 처마만 보이는 건물)은 이소 다카호(磯永高甫)가 운영하던 이소(磯永)양복점이었고, 사진에는 보이지 않으나 그다음 건물은 경성전기 인천지점이다.

터키는 커피나 담배같이 특유의 향기나 맛을 즐기는 기호품 문화가 매우 발달한 나라다. 터키담배의 역사는 아메리카의 담배를 스페인이 오스만 제국에 소개하면서 시작되었다. 오스만 사람들은 원산국보다 담배 재배와 생산 기술 개발에 더 공을 들였고 그 결과 터키담배는 세계적인 명성을 얻게 되었다. 터키사람들은 담배 사랑이 지극하기로 유명하지만, 터키에선 공공장소에서의 흡연이 금지돼 있고 이를 어겼을 시에는 벌금도 만만치 않다. 한때는 흡연했다는 이유만으로 죽음을 면치 못하기도 했다. 오스만 제국의 제17대 술탄, 무라트 4세는 커피와 담배를 지독하게 싫어해 재위 기간(1623~1640) 흡연자 3만 명 정도를 사형에 처했다고 한다. 그런 핍박을 17년이나 받았음에도 터키는 대표적인 '골초 나라'로 꼽힌다.

오랜 시간 애태운 금파 앞 오거리

같은 장소를 반대 방향에서 촬영한 그림엽서 사례가 한 가지 더 있다. [그림 2-22]의 위 사진은 오래전부터 소장해온 자료였다. 인천을 담은 그림엽서를 수없이 많이 봐왔고 연구해 왔지만, 여태 이 사진만큼 나를 애태운 자료는 없었다. 이미지를 스마트폰에 담아 개항장 거리를 열 번도 넘게 다니며 거리와 사진을 대조해봤지만, 도저히 어느 장소를 촬영한 사진인지 알아내기가 어려웠다.

사진 좌측 우체통 앞 전신주에 붙은 간판에는 '우편, 전신,

(仁30)　HONMACHI STREET. JINSEN.　通町本川仁　（所名鮮朝）

（仁川名所）　ENTRANCE OF MIYAMACH -STREET. JINSEN.　仁川宮町通入口

▲ [그림 2-22] 중앙동4가(신포로 23번길)와 금파가 만나는 오거리의 모습이다. 좌측 길은 신포동으로 이어지는 신포로 23번길, 우측은 신생동으로 이어지는 제물량로 166번길이다. 아직 금파 건물은 보이지 않는다.

전화'가 한자와 한글로 병기돼 있고, 그 아래에는 영문으로 'Post, Telegraph, Telephone'이라고 쓰인 게 보인다. 그 아래로는 일본 문자 가타카나와 영문이 보이기는 하지만, 명확하게 확인할 수 있는 건 'Post Office' 정도다. 이러한 정보들을 바탕으로 당시 우편 업무를 보던 곳과 공중전화가 놓여있던 곳의 위치를 확인해 봤다. 『인천향토지』(1932년)에 수록된 우편소는 내리 우편소, 화정 우편소, 화방정 우편소, 상인천 우편소이고, 그 시절 공중전화는 월미도와 인천역전, 세관축항구 내, 상인천 역전, 궁정동 공원 입구 등에 설치돼 있었다. 실망스럽게도 그림엽서 속 장소를 특정할 만한 단서를 찾을 수 없었다.

[그림 2-22]의 위 사진에는 '인천본정통(仁川本町通)'이라는 글자가 찍혀 있다. 하지만 '본정통'이라는 정보에 기대 가로의 형상과 건물을 비교해도 위치를 확인하기가 어려운 사진이다. 사진 속 장소가 본정이 맞는다면 스튜어드 호텔(중앙동에서 차이나타운 방향)이나 금파(중앙동에서 신생동 방향)가 보여야 하지만, 양쪽에 일렬로 늘어선 상점들이 투시도 상에서 하나로 만나는 지점이 가로수에 가려 형체를 알 수가 없다. 그러니 다른 장소일 가능성을 배제할 수는 없었다. 그렇게 오랫동안 안개 속에 남아있던 사진이었다.

반쯤은 포기한 채 잊고 지낼 무렵 [그림 2-22]의 아래 그림엽서를 구했다. 엽서를 받아들고 이리저리 살피다가 문득 사진 우측 전신주에 걸린 간판에 눈길이 머물렀다. 한참을 뜯어본 끝에 '우편, 전신, 전화'라고 쓰인 것을 확인할 수 있었다. 그 순간 나를 오랫동안 애먹이다가 기억의 수면 아래로 가라앉아 있던 그림엽서가 떠올랐다. 서둘러 두 사진을 대조해 봤더니 같은 장소를 서로 반대 방향에서 촬영한 것이었다. 그림엽서를 연구할 때는 이처럼 이미지가 전달하는 정보를 알아내고 기억하는 일이 관건이 되는 경우가 많다.

그림엽서 속 장소를 알고 나니 장면 하나하나가 좀 더 구체적인 느낌으로 다가왔다. 일본식 목조건물로 형성된 가로경관 아래 군것질하고 있는 조선인 어린이. 건너편의 일본인 어린이. 좌측 상점 앞에 놓인 빈 진열장과 광고판이 달린 리어카. 우체통과 전신주 사이에 마치 그곳이 제집인 양 자리를 잡고 앉은 개마저도 살아 있는 듯 생생했다.

사진 우측에 세워진 손수레에는 광고판으로 추정되는 '화정 3정목 천뢰점(花町三町目 川瀬店)'이라는 글자가 보이고, 그 뒤편 가게에는 '철도소하물(중간 글자 불명) 취급소'라는 글자가 있는 간판이 달려 있다. 일본식 목조 2층 건물이 줄지어 선 가로경관을 배경으로 높다란 전신주가 보는 이의 시선을 자극하고, 작은 나무에 지지대를 세워 식재한 가로수와 건물 앞 하수도 구거 등이 가로를 구성하고 있다.

이 그림엽서가 촬영된 시점은 언제일까. 대략의 시점이나마 추정할 수 있는 정보는 간판에 등장하는 'Telegraph'라는 글자와 지지대가 달린 가로수이다. 인천에서 공중전보는 1894년 12월

1일에 시작되었다. 가로수는 1907년 요시히토 황태자의 방문에 맞춰 심게 한 것이다. 가로수를 지지하는 막대가 있는 것으로 볼 때, 인천 도심에 가로수가 식재된 지 얼마 지나지 않은 시점에 촬영되었을 것이다. 아래 사진은 금파가 세워지기 전에 촬영한 것으로 우측 길 끝에 메이지야(明治屋) 간판이 보인다.

4. 추론과 검증:
각국 조계지 쓰레기 소각장

생활 쓰레기를 어떤 방식으로 처리하는가는 주거환경의 질에 매우 큰 영향을 미친다. 많은 인구가 모여 사는 '도시'의 형태가 생겨난 이후 골머리를 앓아온 오래된 문제이기도 하다.

그렇다면 인천이 근대도시로 태동하던 무렵의 쓰레기는 어떻게 처리됐을까. 아쉽게도 그 전모를 파악할만한 자료는 존재하지 않는다. 근대기에 제작된 인천지도에서도 쓰레기 소각장의 흔적은 찾을 수 없다. 다만 여러 사료에서 조각난 자료만 이따금 발견될 뿐이다. 혹시 기피 시설이라는 이유로 외면하거나 거대 담론에 가려 소홀하게 다뤄진 것은 아니었을까.

[사진 2-23]는 만석동의 모습을 촬영한 그림엽서다. 멀리 팔경원의 방갈로(①)가 보이고, 산등성이에 있는 건물이 팔경원(②)이다. 그 아래에는 아리마(有馬) 정미소(③)가 있다. 화물열차가 지나는 철길(철길 사진에는 으레 달리는 기차가 등장한다) 옆으로 다카스키(高杉) 장유(④)의 지붕 일부가 모습을 드러낸다. 철길 안쪽으로 일본식 합각지붕(いりもや: 入母屋)이 보이는데 그 합각(つま: 妻)에는 '요시카네 주조장(吉金酒造場)'이란 글자가 새겨져 있다. 이 일본식 기와지붕 건물(⑤)은 이곳이 송월동 1가라는 사실

View of Direction Mansekicho Chemulpo, Korea. 景光の面方町石萬川仁鮮朝

▲ [그림 2-23] 철길 너머가 만석동이고 철길 안쪽은 송월동이다. 송월동에 위치한 여러 건물과 높이 솟은 굴뚝은 무엇이었을까.

을 알리는 징표다. 다시 철길 너머로 건물 3개가 나란히 붙은 석유회사 창고(⑥)가 보이고, 그 옆 넓은 공터에는 몇 년 뒤 동양방직 인천공장(⑦)이 들어선다.

　여기까지만 알아내도 상당 부분 해석했다고 할 수 있겠으나 의문점은 여전히 남는다. 사진의 절반을 차지하는 저 건물군은 무엇일까. 지붕은 왜 하필 솟을지붕이며, 높다란 굴뚝은 무슨 연유로 세웠을까. 이번 이야기는 바로 이러한 궁금증에서 시작한다.

　지붕 일부가 솟아있는 솟을지붕은 주로 먼지가 많이 발생하는 공간이나 냄새가 심한 건물에서 환기를 목적으로 설치한다. [사진 2-23]에서 보다시피 요시카네 주조장 지붕(⑤)이 솟을지붕이다. 아마도 양조 과정에서 발생하는 냄새가 쉽게 빠지게끔 하려고 이런 형태를 취했을 것이다.

그럼 높다란 굴뚝은 어떤 사연을 품고 있을까. 굴뚝이 높다는 것은 무언가를 태우는 장치가 그 안에 설치돼 있다는 의미. 근처에 외국인 공동묘지가 있었으니 시신을 태우는 화장시설이었을까. 그 옆에 거적을 두른 벽과 이엉을 올린 초가지붕의 용도는? 쉽사리 결론을 내릴 수 있는 문제가 아니었다. 조바심 내지 말고 일단은 덮어둔 채 천천히 생각해보기로 했다. 그래야 아이디어가 떠오른다.

사진을 이리저리 살피던 어느 날 혹시 쓰레기소각장이 아닐까, 하는 생각이 스쳤다. 자료를 해석할 때 이 단계에 이르면 가설을 뒷받침할 만한 근거를 찾아야 한다. 여러 자료를 뒤졌지만 쓸 만한 내용이 없었다. 이럴 땐 문장 하나, 단어 하나가 절실하다. 처음으로 돌아가서 지표가 될 만한 사료부터 차근차근 살피는 것이 현명하다.

인천부 전화번호부(1930년 5월 15일 기준)에서 인천부 청소사무소(仁川府汚物掃除事務所)가 '송월동 1가 14번지'에 있었다는 사실을 알아냈다. 이어서 지적 아카이브와 온라인지도를 비교해 인천부 청소사무소 자리가 송월시장 터라는 사실을 확인했다[그림 2-24].

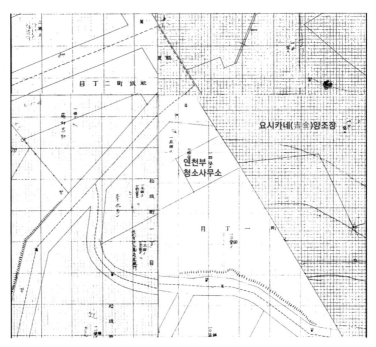

▲ [그림 2-24] 송월동1가 10,13,14번지 일대(일제강점기 지적도).

　다음은 검증과정이다. 인천부사, 조선일보 뉴스라이브러리, 후버연구소 아카이브, 제물포 각국 조계지 회의록에서 약간의 단서를 찾았다. 1891년 5월 1일 회의록에서 신동공사의 역할과 조계지 청소, 쓰레기 처리와 관련된 내용이 안건으로 논의된 사실을 확인할 수 있었다.

　신동공사(紳董公社 Municipal Office)는 인천 각국의 조계지를 관할하던 협의기구였다. 이곳의 의원들은 인천과 서울에서 활동하는 각국 영사와 각국 조계지에 땅을 소유한 지주들이었다. 인천감리서는 화도진 별장 겸 인천 경찰관(이때의 경찰관은 오늘날처럼 '경찰공무원' 전체를 가리키는 용어가 아니라 하나의 관직명이다. 계급으로 치면 총경이나, 인천개항장 전지역의 치안을 책임졌던 고위직이다.)을 참석시켰으나, 영어를 못해 인천세관원이 대신했다. 실행기구인 행정위원회는 경찰을 고용해 치안을 맡겼고, 청소부에게는 조명과 청소를 맡도록 했다.

각국 조계지 청소는 인부 4명이 담당했으며, 이들에게 줄 임금으로 연간 180달러를 신동공사 예산으로 책정했다는 내용과 매월 16달러(연 192달러, 1인당 월급 4달러)로 정하는 내용도 기재돼 있다. 인건비의 차이는 처음에 정한 예산으로는 인부를 고용하기가 어려워 나중에 증액한 것으로 보인다. 또한 신동공사의 수레가 지나간 후 도로에 쓰레기를 내놓는 일본 거류민과 중국 거류민이 있어 문제라는 불만도 제기된다. 여기서 말하는 일본인과 중국인은 각국의 조계지에 거주하는 사람을 이른다. 일본 조계지와 청국 조계지는 쓰레기를 따로 처리했다.

이 같은 내용을 종합할 때 신동공사는 조계지 안에서 발생하는 쓰레기 처리와 청소를 담당했고, 쓰레기 수거용 수레도 운영했음을 알 수 있다. 아쉬운 건, 수거한 쓰레기를 어떻게 처리했는지에 관한 자료가 회의록에 남아있지 않다는 점이다. 그러나 송월동 쓰레기 소각장을 각국 조계지에서 인수한 것이라는 인천부사의 기록으로 미루어, 신동공사가 조계지에서 수거한 쓰레기를 송월동 소각장에서 처리했을 것이라는 추론을 할 수 있다. 인천 일본 거류민역소의 도원동 소각장, 신동공사의 송월동 소각장이 설치된 장소는 조계지 밖 조선인 거주지였다. 1920년에 신축한 인천부 소각장도 인천부 밖에 두었다.

[사진 2-23]에 등장하는 건물에 대한 추론과 검증을 통해 얻은 결론은 다음과 같다.

- 이 건물은 신동공사(각국 조계)가 운영하던 소각장으로, 1914년에 조계지가 철폐되면서 인천부에 인계한 것이다.
- 송월동 소각장의 규모는 그리 크지 않아 초기에는 소각로 1~2기만 운영하다가 쓰레기 발생량이 증가함에 따라 소각로를 점차 늘려나갔을 것으로 보인다. 4개의 굴뚝은 그만큼의 소각로가 있었다는 이야기다.

현재까지 확인된 근대 개항기의 인천지역 소각장은 송월동과 도원동, 두 군데이다. 인천 일본거류민역소(일본조계)가 세운 도원동 소각장은 1920년에 인천부가 쓰레기(塵芬)소각장을 신축하면서 쓸모를 다해, 그해 9월 9일에 열린 인천부 의회 결정으로 매각되었다. 그런데 근대 개항기 인천에는 송월동과 도원동 소각장 외에 한 군데가 더 있었을 것으로 보인다. 인천에서는 각 나라 조계지가 쓰레기를 별도로 처리했기 때문에 청국 조계지에서 발생하던 쓰레기를 처리하는 시설이 별도로 있었을 것이다. 당시 각국의 조계는 공동묘지도 따로 마련해놓고 있었다. 하지만 청국 조계지의 쓰레기 소각장과 관련한 기록은 찾지 못했다.

[사진 2-23] 하단에 보이는 초가지붕 건물의 용도는 마구간일 가능성이 크다. 송월동 1가 13번지에 대화조(大和組)가 운영하던 마구간이 있었다. 쓰레기 수거 마차를 끌던 말들의 마구간일 수도 있겠다. 1954년 10월 1일에 설립된 송월시장은 처음엔 가축시장이었다. 질퍽한 땅에 마구간이 있어 '말깐(말간)'이라 불렸는데, 이 점도 [사진 2-23]의 초가지붕이 마구간이었을 것이라는 추정을 뒷받침한다.

일제는 1900년 3월 '오물 소제법'을 제정하여 시내의 토지소유자와 점유자에게 오물 소제와 청결 유지의 의무를 부여했다. 공중위생과 관련한 대책이 필요해지자 오물 소제법을 제정했던 것인데, 이 법은 오물을 가급적 소각하도록 했다.

인천에서는 1906년 6월 10일 위생 조합 규칙이 제정되었다. 각 호를 조합원으로 총 20개 위생 조합구역으로 구성하고 구역별로 위원을 선출하였다. 조합위원은 담당구역을 순찰하여 종두실시, 전염병 예방, 하수도, 청소 등을 감독했다. 당시 위생 조합 구역도를 보면 '만석동 부근'을 제1구역으로, '시키시마(敷島) 유곽 부근'을 제20구역으로 설정하고 있다. 그런데 '만석동 부근'은 명칭만 만석동이지, 해당 지역에는 정작 만석동은 **빠져있**고 실제로는 북성동과 송월동 일대였다. 이를 지도에 구체적으로 표기한 것이 [그림 2-25]이다.

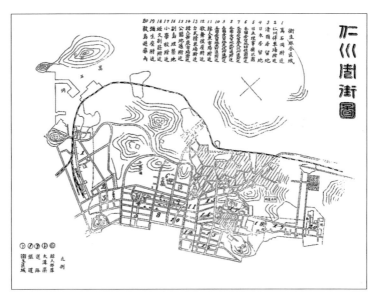

▲ [그림 2-25] 인천부 위생구역조합도(출처: 『인천부사』 1933).

    개항 무렵 조선인들의 위생개념은 다소 부족했지만, 시간이 지나면서 일상 속 악취와 불결한 환경에 대한 인식이 점차 개선되었다. 1906년에는 서상빈(徐相彬: 1859~1928)이라는 인물의 주도로 인천항 오물수거를 담당할 청결소를 설치했으나, 성과를 거두지 못하고 중단되는 일이 있었다.

    이에 앞서 조선 정부는 1894년 갑오개혁을 통해 전염병 예방, 의무와 약제 등의 업무를 담당할 내무아문에 위생국을 설치한다. 또한 소독, 검역, 종두, 가축, 묘지 등 위생 관련 업무는 경무청 총무국이 담당하도록 했다. 당시 인천 조선인 마을의 위생 상태는 형편없었는데, 『독립신문』은 이 점을 신랄하게 꼬집었다.

제물포에 들어오면 조선촌과 일본거류지가 실개천* 하
나만 격하였으나, 외국인의 거류지는 도로가 청결하고 가
옥이 정제하되 아국인의 촌락에는 보이는 것이 더러운 물
건이요. 냄새마다 구린내요. 길은 개천을 겸하고 개천은 뒷
간을 겸하여 비가 조금 오면 추잡함으로 형용 못 하고 일기
더우면 염질이 떠날 때가 없어 삼천리 독립국의 제일 항구
가 이 모양이니 보기에 상심되며 아직 호수가 너무 많기 전
에 도로를 경계 있게 정하여 좌우에 수도를 내이고 백성이
길을 범하여 집 못 짓게 하고 더러운 물건을 버릴 곳에 버
리게 하면 좋을 듯 어느 세월에나 이러한 일에 정신을 쓸는
지./1897.3.30. (출처: 국립중앙도서관 고신문디지털컬렉션)

* 앞에서 기술한 금파 앞 도로가 하천이었다는 내용과 일치한다.

1915년에는 인천부가 담당하던 오물수거 업무를 경비 절감
을 위해 민간에 위탁했다. 관련 시설과 장비, 말까지 민간에 대
여해주었으나 효과가 크지 않았다. 그래서 7년이 지난 1922년
인천부가 다시 관련 업무를 담당하게 된다. 그런데 이때 조선인
마을은 그대로 민간에 위탁하는 것으로 남겨 놓아 조선인 차별
문제가 대두되기도 했다. 1932년 3월 26일 인천부의회에서 한
조선인 의원은 '오물수거에 있어 일본인 거주지 청소는 인천부
직영으로 하여 항상 정결하게 청소하나, 조선인 마을은 영리를
추구하는 민간업자에게 맡겨 청결 유지가 어렵다'며 조선인 차
별 철회를 주장했으나 받아들여지지 않았다. 이후에도 인천부

는 '조선오물소제령 제정(1936년)' 등으로 도시의 청소 및 위생 관리 체계를 갖추어 갔지만, 조선인 마을은 여전히 방치되었다.

5. 편견 버리기

  돌아보니 그림엽서를 연구해 온 지도 어느새 20년이 넘어간다. 적지 않은 시간 동안 이미지를 관찰하고 분석하는 과정을 거치면서, 나도 모르게 사진을 보는 안목이 생긴 모양이다. 알고 있는 풍경이나 건축물은 사진이나 동영상 속에 스치듯이 등장해도 한눈에 알아본다. 처음 보는 이미지 자료도 나름의 틀과 기준으로 시간을 두고 관찰하면 해석할 수 있게 되었다. 그리고 이미지 속 오류를 찾아내는 능력도 생겼다.

  그림[사진 2-14]엽서에서 흔히 나타나는 오류는 사진과 설명이 다른 경우이다. 하나의 그림엽서를 제작하는 데 여러 주체가 개입하면서 생긴 문제로 짐작된다. 서울 도성 사진을 '인천 부락'이라 표기한 사례도 있고, 앞에서 언급한 솔가지를 지게에 진 소년의 사진도 이와 비슷한 오류라 할 수 있다. 그러나 한편으론 사진을 해석하는 능력이 높아지면서 생긴 부작용도 있다. 그건 다름 아닌 편견이다. 편견 때문에 간과했던 자료에서 새로운 정보를 찾아낸 사례가 있어 소개하려 한다.

  현재 인천시 중구와 동구 지역은 오래전엔 '인천도호부 다소면'에 속해 있었다. 이 지역은 곶과 만이 여러 군데 형성된 리

아스 해안이라 만조에는 배를 댈만한 데가 많았다. 제물포, 화촌포, 북성포가 대표적인 포구였다. 개항 후 외국을 오가는 선박들이 제물포를 이용하면서 그 외의 포구는 조선인이 이용하는 포구가 되었다. 제물포는 국제항으로, 다른 포구는 연안항으로 역할로 나눠진 것이다.

이러한 제물포에 작은 변화가 일어난다. '제물포'란 본래 인천역 일대를 일컫는 지명이었다. 포구 주변에는 화도진이 설치한 제물포 북변 포대와 어부들이 모여 살던 작은 마을도 있었다. 인천으로 이주한 일본인들도 처음에는 이곳에서 생활하다가 일본 조계지로 옮겨 갔다. 일본 조계지가 커가면서 그곳에서 가까운 해안에 정박하는 배가 늘기 시작했고 제방도 쌓게 되었다. 자연스레 부두가 조성된 것이다. 그렇게 '제물포'는 해망산 북변을 가리키는 지명에서 남변을 가리키는 지명으로 바뀌게 되었다. 갑문식 독(dock)을 세우기 전의 인천항 사진은 대개가 해망산 남쪽 지역을 촬영한 것이다. 해망산, 월미도, 잔교, 그리고 인천시가지가 배경으로 등장하곤 한다. 그러다 보니 내 머릿속에선 인천항의 풍경은 으레 그런 모습으로 정형화되었던 듯하다. 일종의 선입견, 편견이 생긴 것이다.

[그림 2-26] 그림엽서를 처음 접했을 때, 엽서 속 해안은 그전까지 한 번도 보지 못한 낯선 곳이었다. '인천항일본군상륙(仁川港日本軍上陸)'이라는 글자가 찍혀 있지만, 이리저리 살펴봐도 내가 알던 인천항과는 달랐다. 사진과 설명이 어긋나는 오류라는

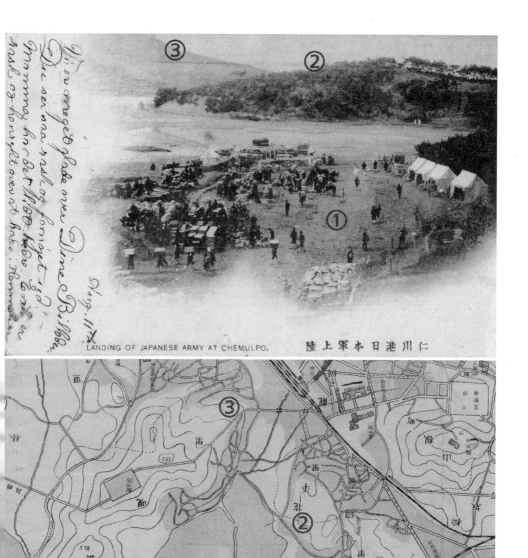

LANDING OF JAPANESE ARMY AT CHEMULPO.

仁川港日本軍上陸

▲ [그림 2-26] 러일전쟁 당시 인천항에 상륙한 일본군. 이들은 통상적으로 널리 알려진 인천 중구청 앞 항구가 아니라 화도진 근처에 있었던 해안에 닻을 내리고 군수물자를 하역했다. 아래 지도는 위 사진의 이해를 돕기 위해 촬영방향에 맞춰 거꾸로 배치한 것이다.

결론을 내리고 그 내용을 SNS에 게시했다. 그러자 그림엽서 속 장소는 인천이 맞을 거라는 내용의 댓글이 달렸다. 엽서에 네덜란드어로 적힌 내용을 우리말로 해석한 글도 댓글로 달렸다. 그러나 여전히 인천 해안을 촬영한 사진이 아니라고 생각했다.

어느 정도 시간이 지난 뒤 혹시 내가 내린 결론이 잘못된 것은 아닐까 하는 의구심이 들어 옛 인천지도와 그림엽서를 비교하며 해안선을 살폈다. 그랬더니 정확하게 일치하는 곳이 나타났다. 그전까지는 전혀 생각지 못했던 화도진 앞 해안가였다. 화도진 앞에 포구가 있었다는 기록은 없다. 화도진 주변에 마을이 형성된 뒤 자연스레 이곳을 이용하는 선박이 늘어나면서 생겼던 포구였을 것으로 짐작된다.

이 사진은 일제가 러시아와 전쟁을 치르던 1904년, 일본군에 공급할 물자를 배로 싣고 와 해안으로 하역하는 장면이다. 다리에 각반을 맨 일본군으로 보이는 사람들이 짐을 어깨에 메고 해안 방향으로 이동하고 있다. 물품을 싣고 온 배는 사진에는 보이지 않지만, 좌측 아래쪽에 정박해 있었던 것으로 보인다. 아마 이곳에 내린 물품들을 수레에 싣고 상륙지점 건너편 해안으로 난 도로를 이용해 축현역(현 동인천역)으로 옮겼을 것이다.

해안에 쌓아 놓은 물품들은 용도별로 구분해놓은 것으로 보이는데, 목재로 짐작되는 물품의 양이 상당히 많다. 건너편 해안도로에서 조선인으로 추정되는 두 사람이 일본군의 하역작업을 지켜보고 있다. 그런데 일본 조계지 앞에 있는 인천항을 뇌두고 굳이 이곳에 물품을 하역했던 건 왜일까. 인천세관 앞 부두가 포화상태라 이곳에 정박했을 가능성을 조심스레 짐작해 본다. 홍예문 개설 전이라 동인천 역까지의 화물 운송이 편리 해 이곳을 선택했을 수도 있다.

동인천 북부 해안지대는 일제강점기 이후 지속적인 매립으로 사라졌다. 예전의 해안선 모습을 찾을 수 없게 되었다. 이 사진은 화도진 앞을 거쳐 화촌포로 들어가는 물길과 해안이 기록된 유일한 사진 자료다. ②로 표기한 곳은 현재 화도교회 주차장이 있는 자리다. 지금도 그곳에 가서 아래쪽을 내려다보면, 사진 속 ②에서 바다로 이르는 완만한 경사를 확인할 수 있다.

화도진 앞에 포구가 있었고 외국선박도 이 포구를 이용했었다는 사실이 이 그림엽서로 명확해졌다. ③은 수도국산 달동네 박물관으로 연결된 능선이고, ③아래로 보이는 살림집이 위치한 곳은 솔빛마을 주공1차 아파트 단지이다.

인천의 간장생산업이 발전할 수 있었던 첫 번째 이유는,
경기도나 황해도와 같이 인근에서 생산되는 우수한 품질의 콩과 소맥이
충분히 공급됐기 때문이었다. 또한, 중국에서 수입한 소금(원염)을 공장에서 제염했는데
그렇게 생산한 소금의 질이 무척 좋았다.
그리고 무엇보다도 인천항이라는 인프라 덕을 톡톡히 보았다.
저렴한 운송비로 한반도에서 생산되는 각종 농산물을 실어 나를 수 있었고,
중국과의 해상운송도 상대적으로 편리했던 까닭이다.

그림엽서로 본
도시공간

1. 도시의 중심: 중앙동

(1) 관동, 중앙동, 해안동 1가
– 일제가 한반도 진출을 위한 교두보로 삼았던 곳

1800년대 중반부터 해안가에 빈번하게 출몰한 이양선은 조선에 두려운 존재였다. 그들이 연안을 타고 한양으로 들어오는 것을 막기 위해 조선 정부는 인천에 화도진을 설치했고 이때 응봉산 남쪽 해안에 제물포 남변포대(대포 5문)를 세웠다. 개항 전까지만 해도 이 지역은 포대를 지키는 화도진 병사들과 제물포 연안에서 물고기를 잡던 어부들만이 오가는 조용한 어촌이었다. 부두가 있던 제물포(현 인천역 일대)에서 인천도호부가 있던 지금의 문학동 일대로 가는 길목이라는 점 말고는 딱히 주목할 만한 대상이 아니었다.

서해안 어디서나 흔히 볼 수 있던 이 해안은 외국인 전용 거주지, 조계지로 지정되면서 근대 도시로 발전하게 된다. 이곳에 외국인 거주지가 들어서게 된 데에는 쓸모가 적은 땅이라는 점이 상당 부분 작용했을 것이다.

인천에 처음 도착한 일본인들은 하나둘 제물포 언덕(지금의 인천역이 보이는 선린동 일대의 언덕)에 자리를 잡았다. 햇빛이 잘 드는 응봉산 남쪽 경사면에 일본 조계지가 정해지자 이들은 터전을 옮겼다. 그렇게 이 지역은 일본 조계지 중에서도 중심지가 되었다.

현재 중구청이 있는 자리가 일본 영사관이 있던 자리인데, 영사관 건물을 세우기 전부터 근처(현, 개항박물관 자리)에 임시 건물을 짓고 영사업무를 시작했다. 또한 부두를 조성하여 인천역 일대에 정박하던 선박을 이 일대로 끌어들였고, 은행을 세워 인천에서 경제 활동하는 자국인들을 지원했다. 인천항을 오가는 승객들을 위한 대불호텔도 들어섰다.

인천의 일본 조계지는 지금의 중구 관동과 중앙동, 해안동, 항동 등에 걸쳐 있었는데, 관동과 중앙동이 있는 지역은 원래부터 육지였으나 해안동과 항동은 매립으로 조성된 땅이다. 청일 전쟁에서 승리한 뒤 조선에 거주하는 일본인들의 세력은 강해졌고, 인천으로 몰려오는 일본인의 수도 계속해서 늘어났다. 그런데 문제는 그들이 집을 짓고 살 만한 땅이 모자란다는 거였다. 그들은 항구와 멀리 떨어진 곳에 조계지를 새로 확보하기보다는 본래의 조계지를 확장하는 편이 유리하다고 판단했고, 그래서 바다를 매립하는 편을 택했다. 인천의 일본 영사관과 일본 거류민단이 주축이 되어 일본 조계지 앞바다 매립을 추진했고, 그렇게 해서 생겨난 땅이 지금의 해안동 일대 4천여 평이다.

당시 일본 조계지에는 대불호텔, 하나야 여관, 일본 제1, 18,

58은행 인천지점, 코오리 카이소우텐(군회조점)과 코오리 킨사부로(郡金三郞)의 집, 식량 영단 창고 등 이름난 건물이 여러 채였다. 항구 주변에는 물품을 보관할 창고가 즐비했는데 도시개발로 하나둘 사라지고 현재는 인천일보 인쇄공장(④)으로 쓰이는 창고만 남아있다. [그림 3-1]의 대불호텔(⑧)은 중화루였을 당시인데, '중화요리점(中華料理店)'이라고 쓰인 지붕 위의 세로 간판이 인상적이다. 왼쪽 아래편에 지붕이 가로세로로 겹쳐진 건물(⑫)은 현재 '카페 팟알'이 성업 중인 건물(국가 등록문화재 제567호)로 하역회사 '야마토구미(大和組)'였다.

▲ [그림 3-1] 일본 조계지의 중심지였던 이곳엔 근대건축물이 많이 남아있다. 촬영한 곳은 관동 1가 20번지로 보인다.

① 사도 ② 선거계 사무소 ③ 갑문입구 ④ 창고(현존, 인천일보
사 인쇄공장) ⑤ 코오리 회조점(현존) ⑥ 코오리 긴사부로의 집 ⑦
일본 제1은행 인천지점 금고(현존) ⑧ 중화루(재현물) ⑨ 하나야
(花屋)여관 ⑩ 일본 제1은행 인천지점(현존) ⑪ 일본 제1은행 인
천지점 사택(현존) ⑫ 야마토쿠미(현존)

(2) 중앙동2가
– 은행에선 돈이 돌고, 인쇄소에선 인쇄기가 돌던 곳

히라야마(平山) 상점

우리나라 사이다의 역사는 인천에서 시작되었다. 인
천에서 생산하는 청량음료가 날개 돋친 듯 팔려나가자 전국 여
러 곳에 사이다 공장이 들어섰지만 시설이나 규모 면에서 인천
을 따라잡을 만한 곳은 전국 어디에도 없었다. "인천 앞바다에
사이다가 떴어도 고뿌(컵의 일본어 발음) 없이는 못 마십니다~"라
는 코미디언 고(故) 서영춘 선생의 노래가 괜히 나온 것은 아니
었던 게다.

1905년 2월 일본인 히라야마 마츠타로(平山松太郎)는 인천 신
흥동2가 28번지에 인천탄산수제조소라는 사이다 공장을 세우
고 국내 첫 사이다, '별표사이다'를 출시했다. 1910년 5월에는
나카야마 우노키치(中山宇之吉)가 같은 동네에서 라무네 제조소
를 창업하면서 '라이온 헬스표 사이다'를 출시해 맞불을 놓았
다. 그리고 해방 후에는 인천탄산의 후신인 경인합동음료를 불

하받은 손욱래가 '스타 사이다'를 만들어 평양의 '금강 사이다'
와 함께 최고의 인기를 누렸다.

한반도에서 사이다의 역사를 열었던 히라야마 마츠타로. 그
가 살았던 인천 중구 중앙동 2가 3번지는 원래 일본 제18은행
인천지점 자리였다. 히라야마 다음에는 시바타(柴田)가 살다 해
방을 맞았다. 1867년 5월 16일 일본 나가사키시에서 태어난 히
라야마는 만 스무 살이 되던 해에 인천으로 건너와 잡화상을 차
렸다. 30년이 지난 1897년에는 히라야마 베에텐(平山米店)을 개업
해 미곡 거래에도 뛰어들었고, 러일전쟁 당시에는 군역상인으
로 군수물자를 조달하기도 했다. 그가 운영하던 용현동의 히라
야마 농원에서는 인부 3백여 명이 동맹 파업을 하는 일도 있었
다. 1924년 7월, 그 농원의 일본인 기술자가 인부들의 밥을 해주
는 조선인 여인을 살해한 것이 도화선이 되었다. 살인범은 인천
경찰서에 구속돼 조사를 받은 뒤 검찰에 송치되었다.

히라야마는 1930년 9월 9일 예순셋의 나이로 숨을 거뒀다.
이틀 뒤인 11일, 답동성당에서 장례를 치렀다는 것으로 보아 그
는 천주교 신자였던 듯하다.

하다(波多) 인쇄소

하다 인쇄소는 하다 노료오조(波多野良藏)라는 일본인이 1895
년 3월, 중앙동2가 16번지(현재는 17번지로 통합되어 16번지가 없다)에
개업한 곳이다. 직원 수가 많은 이 인쇄소에서는 노동쟁의가 자

주 발생했다. 1937년 1월에는 점심시간을 평소보다 단축한다는 이유로 노동자들이 파업을 시도했다. 하다 사장이 직접 나서서, 회사가 의도한 단축이 아니라 사무원의 실수로 일어난 일임을 알리고 사과하여 파업을 막을 수 있었다. 같은 해 7월에는 인플레이션이 심해져 월급만으로 생활하던 직원들의 형편이 어려워졌다. 그러자 하다는 직공에게는 월 3원을, 견습 직원에게는 1원 50전씩을 자발적으로 올려줘 화제가 되었다. 상당한 규모를 갖춘 하다 인쇄소는 다수의 다양한 인쇄물을 제작했을 것으로 보이나, 현재까지 발견된 것은 조선총독부 전매국 주안출장소가 1938년 5월에 발행한 『주안염전개요』 정도이다.

홀링거양행
대화조 (팟알)   인천부청 (중구청)
제1은행 인천지점
제18은행 인천지점
제58(130)은행 인천지점
스키노 상점   아사오카 여관
사토 요네지로의 집
하다 인쇄소   시부카와 엽서점
킨로(金露)   마치다 서점
(오사카신문지국/문방구)
히라야마 상점
세창양행

▲ 중앙동2가(1930년대 항공사진에 명칭표기)

하다 노료오조는 가정사로도 주목을 받았다. 집에서 화재가 일어나는 바람에 그의 집은 전소되고 이웃한 우편국 관사와 8번지로 불길이 번졌다. 그는 또, 방역 위반으로 경찰에 구인되기도 했다. 손자가 성홍열에 걸려 인천 덕생원에 수용되고 그의 집안은 소독 후 차단되었는데, 일주일도 안 돼 하다 노료오조가 차단 경계선을 뚫고 나와 인천경찰서에 인치되었다.

[쥐를 사들이던 경찰]

예나 지금이나 전염병이 돌면 차단과 격리가 가장 확실한 조치다. 검역의 역사는 격리의 역사이기도 했다. '검역'이라는 뜻의 영어 단어 'Quarantine'은 '40일'을 의미하는 이탈리아어 'Quatantina'에서 나온 말이다. 전염병 감염지역에서 온 배는 40일간 항구에 정박해야 했고, 그 기간에 전염병이 발생하지 않아야 상륙할 수 있도록 한 데서 유래했다.

과거 일본에서는 감염병이 발생한 마을 주위에 함석판을 둘러 외부와의 접촉을 막았다. '에이세이(衛生: 청소부)'이라 불리던 사람들은 감염 장소의 바닥, 벽, 천장을 소독하고, 집안의 가재도구는 소독액으로 씻어냈다. 감염자의 집 바닥에는 석회를 뿌리고 환자의 집 문에는 병명을 적은 표지판을 붙였다. 그 집 주위에는 함석판을 둘러 차단했다. 당시 가장 무서운 전염병은 콜레라였다. 발병했을 땐 반드시 신고해야 할 의무가 있었고, 환자에게는 표식을 했다.

방역과 처치의 중심에 경찰이 있었는데, 이는 일제강점기 우리나라에서도 마찬가지였다. 조선 총독부는 일본에서 추진하던 정책에 따라 기부금을 받아서 그 돈으로 쥐를 매입했다. 콜레라가 쥐에게 물려서 생기는 병이라 여긴 까닭이다. 그래서 콜레라를 '쥐통'이라 부르기도 했다.

인천경찰서 위생계의 조선인 경찰은 지게꾼을 대동해, 쥐를 한 마리당 3전씩을 주고 사들였다. 쌀 한 되 값이 7전 하던 때였으니 3전이면 상당한 금액이었다. 1938년에는 쥐 매입가격이 마리당 4전으로 오르고, 파리도 20마리당 4전에 매입했다. 그해 3월에만 쥐 293마리와 파리 1,530마리를 사들였다. 조선인 경찰 중에는 고등계와 같은 요직으로 진출한 이들도 있었지만, 상당수는 위생계 같은 한직에 배치되었다. 더럽고 지저분한 업무가 그들의 몫이었다.

[100년 전에도 권장되던 마스크 착용]

코로나19가 확산하면서 생존 필수품이 된 마스크가 우리나라에 처음 등장한 건 언제일까.

예상 밖으로 100여 년 전에도 개인 방역을 위해 마스크 착용이 적극적으로 권장됐었다. 당시에는 흰색 천 안쪽에 거즈를 댄 형태가 대부분이었다. 거즈 대신 탈지면을 사용하면 호흡이 곤란해져 호흡기가 약한 사람에게는 악영향을 미칠 수 있다는 신문 기사도 있었다. 그런데 거즈를 몇 장쯤 대야 하는가에 관해선 기사마다 주장이 엇갈린다.

2~3매가 적당하다는 기사도 있고, 6매는 돼야 안심할 수 있다는 기사도 있다. 요즘으로 치면 거즈 한 장만 대는 것은 덴탈마스크, 2~3매는 KF-AD, 6매는 KF94에 해당하는 논쟁이 아니었을까.

그 시절엔 당연히 일회용 마스크가 없었기에 마스크와 거즈를 비누로 세탁한 다음 소독해서 썼다. 뜨거운 물에 소독하는 방법과 알코올이나 붕산을 섞은 물에 소독하는 방법이 권장되었다. 소독 방법에는 차이가 있었지만, 거즈를 매일 교체해야 한다는 점에서는 이견이 없었다.

1930년대엔 마스크가 신문광고에도 등장했다. 고무밴드 마스크, 가죽제품 마스크, 모자 차양에 투명필름을 대서 만든 것이 '투명마스크'라는 이름으로 판매되었다. 가죽 마스크는 거즈를 넣어 사용하는 것이었는데, 값이 12매에 1원 30전이었다. 당시 인천항 부두 노동자의 일당이 60전. 부두 노동자의 이틀 치 일당을 다 주어도 가죽 마스크 12장을 살 수 없었던 셈이다.

부직포를 이용한 마스크도 이 무렵에 등장했는데, 당시에도 마스크 착용에 거부감을 느끼는 사람들이 많았다. 마스크를 쓰면 코로 나오는 이산화탄소를 다시 마시게 되고, 호흡기가 오히려 나빠지며, 보기에도 흉하니 마스크는 필요 없다는 논리를 펼친 신문 기사도 있었다.

한때는 마스크가 유행성 뇌염을 막을 목적으로 쓰이기도 했다. 1934년 5월엔 부산에서, 1949년 9월에는 충청도 지역에서 뇌염 방역을 위해 초등학생들에게 마스크 착용을 권장했다. 오늘날의 과학지식으로는 우스운 이야기지만, 당시에는 신문 기사로 등장할 만큼 설득력 있는 주장으로 받아들여졌던 듯하다.

가죽 마스크

투명 마스크

[온역장정과 검역의 날]

　근대 개항기 외국과의 교류가 빈번했던 인천은 우리나라 검역 역사에서 중요한 위치를 차지한다. 조선 정부는 1885년 8월, 제중원 원장이던 알렌(Horace Newton Allen)을 해관 총세무사 부속 의사로 임명하고, 1886년 5월 20일 '불허온역진항장정(不許瘟疫進港章程, 이하 온역장정)'을 제정 및 공포하는 등 검역 행정의 근대화를 추진한다(2013년 한국 정부는 이를 기념해 5월 20일을 '검역의 날'로 지정했다).

　온역장정은 온역 환자가 승선한 선박의 항구 진입 금지를 명시한 것으로 우리나라 최초의 근대식 검역 규정이다. '온역'이란 열병을 뜻한다. 장티푸스, 호열자(콜레라)와 같은 급성 열성 감염병을 일컫는다. 코로나19도 당시 표현대로라면 온역에 해당한다.

　온역장정은 일본과 중국이 이미 시행하던 검역제도를 도입한 것으로, 인천에서 이 장정을 잠정 설정한 다음 부산과 원산에서 따라 할 수 있도록 했다. 인천에서 시행된 잠정 온역장정의 첫 번째 조항은 '조선 및 각국 선적으로 전염병이 있는 지방에서 오는 배는 월미도 밖에 정박하고, 앞쪽 돛대에 황색 깃발을 걸어야 한다'였다. 그러나 이러한 노력에도 불구하고 검역 대상자들이 잘 협조해주지 않았고, 청나라와 일본의 비협조로 제대로 시행되지 않았다. 그들은 군함에 대해서는 예외 규정을 두도록 요구했고, 상선 선장들은 관리의 승선 검사를 공공연하게 거부했다.

스키노(杉野)상점

스키노 상점은 일본제58은행과 인접해 있었는데, 그 자리에는 현재 주차장이 들어서 있다. 이 상점은 일본인 스키노(杉野榮八)가 운영하던 곳으로 보험대리와 정미, 미곡무역업 등을 하던 곳이다. 스키노는 오사카(大阪)에서 30여 년 동안 조선미를 거래하다가 1917년, 인천에 건너와 일본으로 쌀을 수출해서 큰돈을 벌었다. 나름 성공한 사업가로 성장한 그는 인천상공회의소와 인천곡물협회 부회장을 맡으며 유력인사가 되었다. 그러나 그의 성공은 그리 오래가지 못했다.

1920년 가을, 쌀 재고가 바닥이 나면서 사달이 났던 게 문제였다. 수천 석을 예약받았는데, 쌀값이 계속 오르는 바람에 인도할 시점에 이르러서도 쌀을 확보하지 못한 것이다. 하는 수 없이 예약금을 건 매수자들의 손해를 배상하는 선에서 마무리하기로 타협했으나, 이마저도 돌려줄 돈이 없어 이래저래 약속을 지키지 못하는 처지가 되었다. 상거래 질서를 어지럽혔다는 비난이 그에게 쏟아졌고, 이를 견디지 못한 스키노는 평소 그가 가장 명예롭게 여기던 인천상공회의소와 인천곡물협회 부회장 직에서 물러났다. 그는 성격도 괄괄했던 것으로 보인다. 조선총독부가 조선취인소령을 제정해 침체 상태였던 경성주식현물취인시장과 인천미두취인소를 합병해 조선취인소를 설립하려 할 때, 합병반대 운동을 펼치던 스키노는 찬성입장이던 인천미두취인소 회장 와카마츠(若松)와 중화루에서 주먹을 휘두르며 싸움을 벌였다. 이런저런 일로 구설수가 따르던 스키노는 마루에이(丸榮) 정미소도 운영했는데, 이곳에서 일하던 일본인 감독이 조선인 여공을 구타한 일도 있었다. 이 일로 마루에이 정미소는 악명을 떨쳤다. 문제가 생길 때마다 노동자들은 파업으로 맞섰지만, 일본인 감독의 야만적인 행태는 멈추지 않았다.

킨로(金露) 인천지점

'중구 신포로 23번길 56'은 일본 오사카 사카이(堺)에 본점을 두었던 오츠카 와사부로(大塚和三郎)상점 인천지점이 있던 곳이다. 이 회사에서 생산한 술은 '킨로(金露)'라는 상표를 달고 일본을 비롯한 외국의 여러 나라로 팔려나갔다. 그러나 이 회사는 그리 오래가지 못 했던 것 같다. 인천에서 생산하는 일본 술의 품질이 높아져, 일본에서 술을 수입할 필요가 없어진 시기에 철수한 것으로 보인다. [그림 3-2]가 촬영될 당시 이 건물에는 악기 판매점 니시카와(西川)상점이 입주해 있었다.

사토요네지로(佐藤米次郎, 1915~2001)

중앙동2가 17번지. 이곳은 한때 일본의 유명 판화가 사토요네지로(佐藤米次郎, 1915~2001)가 거주했던 곳(그가 만든 판화집에 기재된 주소에는 사동 17번지도 있다.)이다. 그는 1940년 1월 형(佐藤米太郎)이 살고 있던 인천에 와서 거주하다가 1946년 3월 2일 재인천 일본인들이 일본으로 돌아갈 때 아오모리(青森)로 귀향했다.

▶ [그림 3-2] 킨로(金露) 인천지점으로 세워진 건물이다. 사무소 건물 뒤에 있는 창고 벽면에 '금로(金露)'
라는 글자가 선명하다. 이 엽서는 킨로 인천지점이 철수한 다음에 들어선 악기판매점 니시카와(西川)상
점이 제작한 것이다.

인천에 거주하는 동안 인천공회당과 서울 미츠코시(三越)백화점에서 판화전을 열었다. 1944년 인천에 거주하던 중 징집이 되어 입대했다가, 7월에 제대하고 10월에 결혼식을 올렸다. 그는 인천에 거주하는 동안 인천각, 인천신사, 송도, 월미도 등 인천의 풍광과 우리나라를 소재로 한 판화작품 여러 점을 남겼다.

귀국 후에도 작품 활동을 계속했다. 1951년 고타니 마스지로(小谷益次郎)가 쓰고 후쿠오카 인천회(福岡仁川會)가 발간한 『인천인양기(仁川引揚誌)』의 삽화를 판화로 제작했다. 이후에도 아오모리를 중심으로 작품전을 이어갔고, 온돌을 주제로 한 판화전을 개최하는 등 인천에 사는 동안 경험했던 한국문화를 작품에 담았다.

(3) 중앙동3가
-신포로 23번길과 홍예문로의 결절점

사진 촬영이 일상인 시대다. 365일 몸에 지니고 다니는 스마트폰으로 언제 어디서나 사진을 찍고 마음에 들지 않으면 곧바로 지워버릴 수도 있다. 아무리 많이 찍어도 돈이 들어가는 것도 아니다. 이처럼 사진 촬영이 큰 이벤트가 아닌 세상인데도 사람들은 사진을 찍을 때 자못 신중하고 진지하다. 이리저리 각도를 재고, 멋진 장면을 포착하기 위해 가끔은 위험을 무릅쓰기도 한다.

누구나, 어디에서나, 손쉽게 사진을 찍을 수 있는 시대인데

Key Map

▲ [그림 3-3] 중앙동 3가 사거리. 겨울에 촬영한 사진으로 도로 좌우에 쌓인 눈이 녹고 있다. 상점에 설치된 간판 글자가 비교적 명확하다. 그림엽서 속 가로수들이 가지가 거의 다 잘린 채 몸통만 앙상하다. 스산한 겨울 풍경만큼이나 그 모습이 처량하다. 가로수의 굵은 가지까지 마구잡이로 베어내는 강전정(强剪定, 일명 '깍두기')은 관행적으로 이어져 온 일제가 남긴 유산이다.

도 이럴진대 과거에는 어땠을까. 카메라 한 대 값이 집 한 채 가격과 맞먹고, 그 비싼 카메라에 어렵게 구한 필름을 넣어야만 했던, 게다가 촬영 후에는 현상과 인화 과정을 거쳐야 비로소 자신이 찍은 장면을 확인할 수 있던 그때 그 시절. 사진가는 어떤 마음가짐으로 촬영에 임했을까. 아마도 촬영에 앞서 적당한 촬영 시기와 시간, 장소와 대상을 놓고 고민을 거듭하지 않았을까. 특히 도시의 풍경을 담으려 할 때는 건물과 가로가 만든 멋진 장소를 물색하는 데 많은 공을 들였을 것이다. 더구나 인쇄해서 판매할 목적으로 찍는 사진이라면 도시의 특징을 드러낼 수 있는 장소를 찾는 데 적지 않은 노력을 기울이지 않았을까. 오늘날 전해오는 근대기 인천시가지의 모습이 담긴 그림엽서도 그런 노력을 기울인 끝에 촬영장소가 정해졌을 터. 그렇다면 그 시절 사진가들이 선호하던 인천 도심 속 촬영장소는 어디였을까.

일제강점기 인천 시내에서 가장 번성했던 중심상업가로는 현재의 중앙동 3가와 4가가 만나는 지점에서 시작해, 청실홍실을 거쳐 인천여상 초창기 정문(일제강점기 인천신사 입구)에 이르는 거리(신포로 23번길, 우현로)였다. 이 길은 인천항에서 원인천, 즉 문학동 일대로 가는 길이기도 했다. 그다음으로 꼽을 수 있는 중심상업가는 신포동 행정복지 센터(옛 중구청)에서 IBK기업은행에 이르는 길(제물량로 166번길)과 청실홍실에서 시작해 동쪽으로 이어진 길(신포로 23번길)이다. 상점과 병원이 많던 인천문화재단 앞길에서 홍예문까지 이어지는 홍예문로(옛 혈문통; 穴門通)도 통행량이 많은 번화가였다.

인천항으로 통하는 직통 길은 신포로(옛 세관통; 稅關通)이다. 제 1부두에서 옛 인천우체국 앞까지는 오사카 상선, 국제통운, 조선우선, 마루이치(丸一) 운송점, 닛선해운 등과 같은 해운회사가 줄지어있었고, 닛센(日鮮)해운에서 금파를 거쳐 로터리(2021년 9월에 김구 선생 동상이 세워진 소광장)까지 이어진 거리도 상점과 요릿집이 있던 상업가였다. 한편, 김구 선생 동상이 세워진 소광장(옛 닭전거리)에서 경동사거리를 거쳐 배다리에 이르는 길(경성통)은 조선인 상점을 중심으로 중국인 상점, 일본인 상점이 들어섰던 거리이다.

츠보이 이발소(坪井美髮館)

조선에 단발령이 내려진 건 1895년. 국내에서 이발소가 처음 문을 연 건 1901년이었다는 게 정설이다. 지금의 서울 인사동에 유양호라는 사람이 문을 연 '동흥 이발소'가 우리나라 최초의 이발소라는 것. 하지만 유양호는 국내에서 이발사로 활동한 최초의 인물은 아니었다. 동흥 이발소가 문을 열기 전에도 돈 있는 양반들은 일본인 이발사를 집으로 불러 이발을 했었다.

국내에서 최초로 이발업에 종사한 인물이 누구인가는 아직 규명되지 않은 것인데, 마찬가지로 인천에서 이발업이 언제 시작됐는가에 관해서도 정확한 기록은 없다. 다만 현재까지 알려진 가장 빠른 기록은 1898년 1월이다. 당시 인천에는 일본인이 경영하는 이발소 6개소와 일본인 이발사 10명이 활동 중이었다. 이발 요금은 18전, 면도는 6전으로 이발과 면도 비용을 합한 금액이 당시 쇠고기 한 근 값(20전)과 비슷했다. 그로부터 26년이 지난 1924년. 인천의 이발소는 35개소로 여섯 배 가까이 늘어난다. 그중 우리나라 사람이 운영하는 이발소가 12곳, 중국인 8곳, 일본인이 운영하는 이발소는 15곳이었다. 그리고 다시 14년이 지난 1938년에는 46개소로 늘어난다.

중국인이 운영하는 이발소는 다른 이발소에 비해 막강한 경쟁력을 갖고 있었는데 그 비결이란 다름 아닌 저렴한 요금이었다. 낮은 이발 요금을 앞세워 중국인 거주지뿐 아니라 일본인 거주지와 우리나라 사람들이 사는 동네에도 영업점을 열었고, 이는 한국인과 일본인 이발사에게 다소 위협적이었다. 그러자 인천 이발업 총회에서는 이발 요금 단일화를 시도했으나 무산되었다. 일본인과 중국인 사이에 분규가 발생하는 바람에 조합장에 당선됐던 일본인이 사퇴하는 일이 벌어졌다.

사태가 이 지경이니 중국인 이발사들은 미운털이 단단히 박힐 수밖에 없었다. 그러던 차에 중국인이 운영하는 이발소에서 사건이 하나 일어났다. 외리 173번지에 있는 중국인이 경영하는 쌍발당(雙發堂)이라는 이발소에서, 손님의 귀를 후벼주다가 피를 내는 일이 벌어진 것이다. 그게 무슨 큰일이냐고 할 수 있지만, 당시 이발소를 관할하던 경찰서 위생계에서는 손님들의 '귀 후비기'와 '코털 깎기'를 금지하고 있었다. 그런 마당에 손님의 귀에서 피가 나게 했으니 그냥 넘어갈 수는 없는 일이었다. 이 일은 당시 신문 기사로 다뤄지기까지 했다.

중국인 이발소의 경쟁력이 사그라들기 시작한 건 1937년 중일전쟁 이후였다. 차츰 수가 줄기 시작하더니, 1942년 중국인 이발소는 5개소로 대폭 줄었고 그나마도 해방 무렵에는 아예 자취를 감추었다.

당시 인천에서 영업하던 이발소들의 위생과 방역 상태는 다른 지역에 비해 우수한 편이었다. 또 우리나라 이발사들의 기술력이 일본인이나 중국인에 비해 뛰어났다. 1924년 2월 경기도 경찰부가 시행한 이발사 시험에서 인천지역 지원자 17명 중 10명이 합격했는데, 1등부터 6등이 전부 우리나라 사람이었다. 또한 한국인 이발사들은 지역 주민과의 화합에도 동참할 줄 알았다. 1934년 8월 인천지역 이발소 종업원 전원은 하루치 노임을 모아 이재민에게 기부했다.

1938년 1월에 열린 인천 이발업 조합 총회에서는 송현동의 강화이발관 주인 조상용을 조합장으로 선출했다. 설립 이래 15년간 '조합장은 일본인만 가능'하다는 규정이 지켜져 왔는데, 그 규정을 개정한 끝에 이뤄낸 결과였다. 그 직전 조합장은 중앙동에서 츠보이 이발소(坪井美髮館)를 운영하던 일본인 츠보이(坪井)였다.

그 시절 이발소는 꽤 짭짤한 수익이 보장되던 소위 잘나가는 업종이었다. 그래서인지 인천 시내를 돌아다니면서 사람들에게 돈을 받고 이발을 해준 무허가 이발사가 경찰에 체포되기도 했고, 금곡리 6번지 동흥 이발관에서 일하던 직원이 이발 기구를 훔쳐 소사역(현 부천역) 근처에서 팔려다 체포되는 일도 있었다.

그러나 그것도 이제는 다 지나간 일. '남성은 이발소, 여성은 미용실'이라는 도식이 깨진 지 오래다. 남녀 구분 없이 모두가 미용실에서 머리 모양을 다듬게 되면서 그 많던 이발소들은 기억 저편으로 사라져갔다. 그나마 남아있는 몇 안 되는 이발소도 대부분 고령의 이용사가 자리만 지키고 있는 형국이어서 이발소들은 머지않아 자취를 감추게 될 운명이다.

동네의 온갖 소식이 모이고 흩어지는 커뮤니티 공간이자 라디오에서 흘러나오는 가락에 귀를 맡기던 음악 감상실이었으며, 작가 불명의 그림이나마 먼지를 뒤집어쓴 채 벽에 걸려 소박한 미술관 역할까지 해내던 그 시절의 이발소는 그런 공간이었다.

[그림 3-3]의 좌측 츠보이(坪井美髮館)이발소 간판 주위를 장식한 흰색과 백색의 사선은 흑백 사진이어서 검정과 흰색으로 보이지만 실제로는 이발소를 상징하는 빨강과 흰색이 엇갈린 사선이었을 것이다.

지금도 드물게 만날 수 있는 이발소 입구에는 어김없이 삼색 표시등이 걸려있는데, 그 표시등이 빙글빙글 돌아간다는 것은 '영업 중'이라는 신호다. 이발소 표시등의 세 가지 색깔 중 파랑은 정맥을, 빨강은 동맥을, 하양은 붕대를 의미한다고 한다. 이발소와 '정맥, 동맥, 붕대'가 무슨 상관인가 싶지만, 18세기경까지 유럽에선 이발사가 외과 의사를 겸한 데서 유래했다. 당시 사람들은 병에 걸리면 이발소에 가서 수술을 받거나 치료를 받았던 것이다.

아키다(秋田) 상점과 코노(河野) 상회

[그림 3-3]의 사진 속 장소는 인천의 번화가가 시작되는 지점이다. 건물마다 일장기가 내걸린 것을 볼 때 일본의 국가기념일 중 어느 하루에 촬영된 것으로 보인다. 이 사진은 나름 많이 알려진 사진이다.

뒷모습을 보이며 도로 한가운데를 걸어가는 행인들. 그리고 그들을 환영하며 도열식이라도 펼치듯 늘어선 건물들이 일장기가 자아내는 분위기와 어울리며 어쩐지 비장해 보인다. 좌측에는 츠보이(坪井) 이발관과 나카무라(中川) 문방구를 지나 아키다(秋田) 상점(현 중화루)과 코노(河野) 상점(현 진흥각), 인천무진/다나카(田中) 양품점(옛 제일은행)이 있었고, 우측에는 오카다(岡田) 시계점과 후루다(古田) 양품점이 보인다. 오카다 시계점 주인 오카다(岡田辰三郎)는 인천 시계상 조합장을 맡은 바 있다.

[그림 3-3]에서 커다란 간판이 걸린 가게는 문방구였고, 그 건너편 전신주 옆 우체통에는 '본정3정목(本町三丁目)'이라고 적힌 글자가 보인다. 우체통 뒤로 보이는 오카다 시계점에선 축음기와 음반도 취급했었다.

왼편 모퉁이에 자리 잡은 아키다 상회(秋田)는 사거리와 만나는 곳을 모접어(chamfer: 빗깎기) 입구를 배치한 것이 돋보인다. 르네상스 시대에 유행한 건축설계기법으로, 멀리서도 건축물이 잘 보인다는 장점이 있다. 이 건물은 1905~1906년 무렵 세워졌는데, 아키다 상회는 그로부터 10년도 안 된 1914년 9월에 폐업했다. 그 후 아키다 상회의 지배인이었던 노구치(野口文一)가 회사를 인수해, 회사 이름을 '노구치 상회'로 바꾸었다.

아키다 상회 건물에는 1919년 6월 조선식산은행 인천지점이 들어섰다. 하지만 아키다 상회가 폐업한 1914년부터 조선식산은행 인천지점이 들어선 1919년 사이 이 건물이 어떤 용도로 사용됐는지는 불분명하다. 노구치가 아키다 상회를 인수하면서 이 건물까지 이어받았는지 알 수 없기 때문이다. 다만, 노구치 상회가 1930년대 초반 옛 인천우체국 건너편 공영주차장 자리에 있었던 것은 확인된다. 아키다 상회 건물은 조선식산은행 인천지점을 거쳐 요릿집 군영각과 카페 일화루로 쓰였다.

코노 다케노스케(河野竹之助)가 세운 코노(河野) 상점은 사탕, 맥분, 식료품, 음료품, 곡물, 잡화, 석탄, 면사포, 소금 및 기계류 등을 위탁 판매했던 회사로 아사히(朝日) 양조주식회사의 청주와 소주도 취급했다.

인천무진(仁川無盡)/다나카 양품점

무진회사는 개항기의 서민 금융기관이었다. 일본인들끼리 자금을 융통할 목적으로 운영되던 무진강(無盡講)이 그 기원이다. 운영 방식이 우리의 계(契)와 유사하다. 정기적으로 곗돈을 부은 뒤 추첨이나 입찰 방식으로 목돈을 빌려주는 거래였다. 일본에선 오래전부터 있었던 관습이다. '무진(無盡)'은 (서민을 돕는 데에) 다함이 없다는 뜻으로, 그 이름처럼 무진회사는 근대적 금융기관으로부터 소외돼 있던 도시 노동자와 영세 상공업자들이 주로 이용했다.

무진업은 개항기인 1877년경부터 인천과 부산, 목포, 군산 등의 일본인 거류지에서 뿌리를 내린다. 1932년에는 국내 무진회사가 34개사로 늘어나고 규모도 커졌다. 우후죽순처럼 무진회사가 늘어나자 조선총독부는 '1도 1사' 방침을 세운다. 한 개의 도(道)에 한 개의 무진회사만 영업을 할 수 있다는 것. 이 방침을 바탕으로 무진회사들에 통합을 종용했고 이 정책은 1939년에 거의 마무리 되었다. 이후 중일전쟁으로 정세가 급변하자 조선총독부는 다시 통합정책을 추진했고, 1941년 8월에는 조선중앙 무진주식회사만 남는다.

'인천무진'은 1922년 10월에 설립됐다. 궁정(宮町) 22번지(현재는 사동 26번지 일대)에 영업소를 두었다가 1927년 6월 중앙동4가 4번지로 이전했다. 그러나 1도 1사 방침에 따라 1929년 공제무진에 합병되었다. 1935년 7월 1일 영업을 중단하고, 8월 12일 임시총회를 열어 해산을 결정함과 동시에 공제무진은 인천에 지점을 설치했다. 인천무진 자리는 다나카 양품점 터와 겹쳐, 두 회사의 선후관계는 좀 더 살펴봐야 할 점이다.

후루다 양품점, 마츠야 오복점, 이우에 상점, 보우시샤

[그림 3-4]는 1930년대 중반 이후에 촬영된 사진이다. 후루다(古田) 양품점(현 라이브카페), 마츠야 기모노상점(松屋吳服店, 현 일식집), 이우에(井上) 상점, 보우시샤(奉仕社, 현 커피숍)가 사진에 담겼다.

후루다(古田) 양품점은 셔츠, 넥타이, 아동복, 털 스웨터, 양산 등을 판매하던 상점으로 수준 높은 상점 장식과 쇼윈도를 갖추고 있었다. 보우시샤에서는 일용잡화를 팔았는데, 관공서와 학교에는 구두를 납품하기도 했다. 1954년 무렵에는 이곳이 카메

▲[그림 3-4] 번호를 표기한 건물 5채 중 ④를 제외한 4채가 현존한다. 건물의 겉모습은 조금 달라졌으나 ①은 라이브 카페, ②는 일본음식점, ③은 노래방, ⑤는 편의점(아와야 철물점)으로 쓰이고 있다.

라와 시계를 파는 상점이었다. 멀리 카페 금파도 보인다. 사진 속에서 나란히 서 있는 세 건물(후루다 양품점과 마츠야 기모노 상점, 이우에 상점)은 지금도 볼 수 있다.

후루다 양품점은 인천 일본 거류민 총대였던 후루다 이나호 (古田稻甫)가 세운 상점이다. 그는 울릉도 벌목권을 따내려고 갖은 노력을 다했다. 당대 세도가로 위세를 부리던 이용익(李容翊) 에게 뇌물을 상납하기도 했다. 하지만 러시아인이 한발 빨리 울릉도 벌목권을 얻었다. 그런데도 후루다는 포기하지 않고 주한 일본 공사 하야시 곤스케에게 접근해 러시아인으로부터 벌목권을 매입할 방안을 논의한다. 하야시와 후루다 사이에 어떤 뒷거래가 오갔는지는 모르지만, 이후 하야시 공사는 일본 외무대신에게 보고서를 제출한다. '접안시설이 부족한 울릉도에 이미 많은 일본인이 어선을 정박시키고 나무를 무단 채취하고 있으므로 이를 체계화하기 위해 후루다가 벌목권을 취득하는 것이 일본에 유리하다'는 취지의 보고서였다.

이우에 토키치(井上藤吉)가 세운 이우에(井上) 상점은 실, 옷감, 석유, 화장품 등을 판매했다. 그는 야마구치(山口)현 출신으로 1907년 인천에서 발생한 대화재의 피해자 중 한 명이었다. 1929년 10월 20일 경성호텔에서 열린 면사포상대회(綿紗布商大會)에서 공로자로 표창을 받았으나, 그는 이미 1924년 6월에 세상을 떠난 뒤였다.

보우시샤는 구두를 판매하던 상점이다. 관공서에 납품하는 등 왕성한 영업활동을 펼쳤다. 그러나 중일전쟁 이후 일제가 전쟁에 필요한 물자 수급을 위해 '일반피혁 사용금지령'을 발포하면서 큰 타격을 입었다. 당시 인천에는 35개의 양화점에서 80여 명의 직공이 구두를 만들고 있었다. 그런데 느닷없이 일감이 없어져 직공과 그 가족을 포함한 300여 명의 인천부민의 생계가 막막해졌다. 인천부와 인천상공회의소가 나서 이 문제를 해결하기 위해 노력한 덕분에 구두 생산이 재개되는 성과를 거두었지만, 장기간 휴업이 이어지다 생산이 재개된 까닭에 본궤도에 오르기까지는 시일이 필요했다.

아키다상회 · 秋田商

1905-1906년 무렵 건물을 세우며 개업한
아키다상회는 1914년 9월에 폐업했다.
그 후 아키다 상회의 지배인이었던
노구치(野口一)가 회사를 인수하고
'노구치 상회'로 바꾸어 운영하였다.
1919년 6월 조선식산은행 인천지점을 거쳐
오림픽 군영각과 카페 일화루로 쓰였다.

코노상회 · 河野商會

코노 다케노스케(河野竹之助)가 세운
코노(河野) 상점은 사탕, 맥분, 식료품, 음료품,
곡물, 잡화, 석탄, 면사포, 소금 및 기계류 등을
위탁 판매했던 회사로
아사히(朝日) 양조주식회사의 청주와 소주도
취급했다.

인천무진회사 · 仁川無盡會社

개항기 서민 금융기관으로 운영했던
인천무진회사는 1922년 10월에 설립되었다.
정기적으로 곗돈을 부은 뒤 추첨이나
입찰 방식으로 목돈을 빌려주는 형태였으며,
주로 소외된 도시노동자와 영세 상공업자들이
이용했다.
개항기 인천과 부산, 목포, 군산 등 일본인
거류지에 뿌리를 내린 무진업은 한때 수와
규모가 커져갔지만 조선총독부의 정책으로
통합과 합병과정을 거친다.

코다디고무

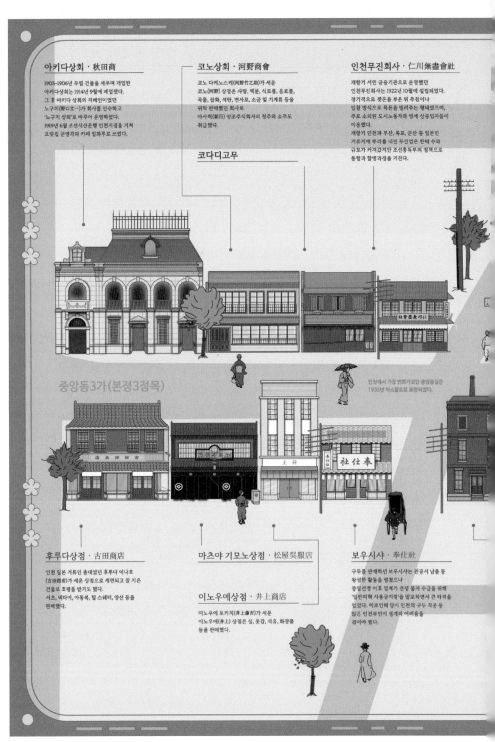

중앙동3가 (본정3정목)

인천에서 가장 번화가였던 중앙동길은
1935년 아스팔트로 포장되었다.

후루다상점 · 古田商店

인천 일본 거류민 총대였던 후루다 미나호
(古田彌八)가 세운 상점으로 세련되고 잘 지은
건물로 호평을 받기도 했다.
셔츠, 넥타이, 아동복, 털 스웨터, 양산 등을
판매했다.

마츠야 기모노상점 · 松屋吳服店

이노우에상점 · 井上商店

이노우에 토키치(井上壽吉)가 세운
이노우에(井上) 상점은 실, 옷감, 석유, 화장품
등을 판매했다.

보우시샤 · 奉仕社

구두를 판매하던 보우시샤는 관공서 납품 등
왕성한 활동을 펼쳤으나
중일전쟁 이후 일제가 전쟁 물자 수급을 위해
'일반피혁 사용금지령'을 발포하면서 큰 타격을
입었다. 이로인해 당시 인천의 구두 직공 등
많은 인천부민의 생계의 어려움을
겪어야 했다.

미츠상점 · 星光商店

노조(阿部号三)가 1927년 4월에 세운
으로, 의약품과 화장품을 판매했다.
4가 1번지에서 시작해 1935년 신생동
로 옮겼다.

이토키상점 · 糸岐商店

인천의 대표적인 시계점으로
오랜동안 한 자리를 지켰다.

세
관
통

세관통은
작은 하천을
복개한
도로이다.

세
関
通

금파(킨파)오거리

옛 닭전거리 (현, 김구선생 동상 광장)에서
옛 인천우체국으로 이어지는 길은 세관통으로
불리던 거리였다. 이 길에서도 금파오거리는
중앙동과 신포동, 신생동지역의 경계인 동시에
번화가가 교차하는 중심상업가였다.

기선회사(주) · 仁川汽船會社

선(주)는 1924년 7월 31일, 일본인 다나카 사쿠지
二)가 설립했다. 여객과 화물 운송을
하면서 농산물과 새끼줄, 가마니, 멱석 따위를
는 사업도 병행했다.
기선과 함께 개항기 인천 해운업에서 빼놓을 수
사이다.

미야타상점 · 宮田商店

치시마(千島)정총 대리점으로
주류도매상이었다.

중앙동4가(본정4정목)   신포동(신정) ↗

신생동(궁정) ↗

금파 · 金波

1910년대 중반에서 1920년대 초반에 세운
이 건물은 당시로서는 보기드문 4층짜리
건물이었다.
6.25 전쟁 때 허물어졌던 금파 건물은
비슷한 규모로 다시 세워 현재에 이른다.

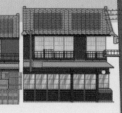

야철물점 · 阿波屋金物店

쿠 덴시로(川端傳四郞)가 세운 회사다.
선상업은행과 조선인촌(주),
석유(주)의 주주이면서 조선요업(주)의
고, 조선 중앙석유(주)는 미국 스탠더드
의 한국 총대리점이었다.
는 당시 상거래 질서 문란행위와 폭리를
원성이 자자한 인물이었다.

세이과자점 · 大淸菓子店

야스우라상점 · 安浦商店

우라가미 치사오(浦上七三生)가 1917년에 세운
양품점이다. 우라가미는 인천상공회의소
의원으로 여러 차례 당선되었다.

나가이상회 · 永井商會

인천의 대표적인 과일가게로
담배, 잡화도 취급했던 상점이다.

Key map

(4) 중앙동 4가
– 인천 최고의 번화가

Key Map

JINSEN HONMACHI   部一の町本川仁 （所名川仁）

▲ [그림 3-5] 금파 옥상에서 촬영한 중앙동 4가의 모습으로 인천의 중심상업가로였다.

일제강점기 인천 최고의 번화가였던 카페 '금파'의 앞길이다. 금파 옥상에서 내려다본 거리 전경이 그림엽서 안에 비교적 선명하게 담겼다. 중앙동 4가에서 1가 방향(동쪽에서 서쪽으로)으로 난 이 길은, 중앙동의 가장자리면서 신생동과 신포동의 경계에 해당한다. 번화가가 교차하는 곳이기도 하다[그림 3-5].

가로 좌측에는 차례로 ⓐ 나가이(永井) 상회, ⓑ 야스우라(安浦) 상점, ⓒ 타이세이(大淸)과자점, ⓓ 아와야(阿波屋) 철물점이, 우측에는 ① 미야타(宮田)상점, ② 이토키(糸岐)상점, ③ 인천기선회사, ④ 호시미츠(星光) 상점이 입주해 있었다.

인천기선과 삼신기선

일제강점기 인천 연안 해운업의 역사에서 빼놓을 수 없는 두 곳의 해운사는 인천기선과 삼신기선이다. 인천기선(주)은 1924년 7월 31일, 일본인 다나카 사쿠지(田中作二)에 의해 설립됐다. 여객과 화물 운송을 주로 하면서 농산물과 새끼줄, 가마니, 멍석 따위를 사고파는 사업도 병행했다. 아산과 해주 등의 기항지에는 지점도 두었다.

『인천항』(1931년 발간)에는 '인천기선'이라는 이름이 두 차례 등장한다. 하나는 인천상공인명록에 등장한 것이고 다른 하나는 광고면인데, 본점의 위치를 서로 다르게 기록하고 있다. 인천상공인명록에는 '중앙동 4가 1번지'로, 광고에는 '항동 2가'로 기록돼 있다. 추정컨대 『인천항』이 발간되던 무렵, 중앙동에서 항동으로 이전한 것으로 보인다.

인천기선은 악덕 기업이었다. 송림동에 살던 김간난이라는 여인이 만삭의 몸으로, 인천기선이 운영하는 선박 주변에 떨어지는 곡물을 줍다 고발되어 인천경찰서에 갇혔다. 그녀는 자신의 불쌍한 처지를 호소해 간신히 풀려나올 수 있었지만, 많은 이들이 인천기선의 몰인정함을 비난하며 손가락질했다. 당시엔 곡물을 배에 싣고 내리는 과정에서 땅에 떨어지는 부스러기를 주워가는 이들이 제법 있었다. 이런 이들을 '스러기꾼'이라고 했다.

기업주가 심보를 고약하게 쓴 탓인지 인천기선에는 사고가 끊이질 않았다. 인천항 내에 정박 중이던 인천기선 소속 초요마루(長陽丸, 2천톤급)에서 담뱃불로 화재가 발생했는데, 금전적인 피해가 8만 6천 원이나 됐다. 1936년 10월 2일에는 팔미도 앞바다에서 인천기선 소속 선박이 침몰해 승객 60여 명이 사망하는 일이 있었다. 많은 사람이 한꺼번에 목숨을 잃는 대형 인명사고여서 1년 뒤 위령제를 지냈다.

인천기선은 공격적인 사업전략을 펼쳤다. 연안항로 운항을 독점할 욕심으로 다양한 방법을 동원해가며 경쟁사인 삼신기선을 압박했다. 그중 하나가 자사의 선박을 이용하는 승객들에게 타월을 기념품으로 나눠주는 것이었다. 당시 타월은 구하기 힘든 귀한 물건이었다. 인천기선은 또한 강화도 주민들의 환심을 사려고, 강화합일학교에 수익금의 10%를 기부하겠다는 제안을 내놓기도 했다. 그러나 제법 혹할 만한 선물 공세임에도 불구하고 강화도 주민들은 인천기선의 배를 외면하고 삼신기선이 운영하는 배를 이용했다.

인천부를 등에 업은 데다 대자본으로 무장한 인천기선. 그런 막강한 상대가 끊임없이 걸어오는 경쟁을 이겨내고 살아

남은 해운사가 삼신기선이었다. 삼신기선은 인천에서 조선인이 운영하는 유일한 해운회사였다. 조선총독부 관보에 등재된 삼신기선의 합명회사 설립일은 1926년 8월 22일이지만, 그 시절의 신문 기사를 보면 실제로 설립된 건 그보다 6년이나 앞선 1920년 3월 무렵이었던 것으로 보인다. 주식회사가 된 건 1927년 4월 20일이었다.

삼신기선의 대표 유진식은 강화 읍내에서 포목 도매상을 하면서 동시에 인천 북성동에서 '삼신상회'라는 물상객주를 운영하던 거상이었다. 삼신기선 본사는 강화군 선원면 신정리 9번지에 있었고 인천에는 선린동 57번지에 지점을 두었는데, 선린동 지점 자리에는 훗날 건축가 김중업 선생이 설계한 인천지방 해무청사가 들어선다. 1957년의 일이다.

해무청은 해사 행정을 총괄하기 위해 1955년 2월 17일 교통부의 외청으로 설립된 기관이다. 1961년 10월 1일에 폐지된 행정부서로, 해양수산부의 원조 격이다. 인천 해무청은 조선 상업은행 인천지점(현 인천문화재단 터에 있던 은행) 건물에 입주해있다가 청사를 새로 지어 이전했다.

다시 삼신기선 이야기로 돌아가 보자. 설립 초기 삼신기선은 유진식과 고성근이 공동으로 경영했다. 인천-강화, 인천-연백 항로를 운항했는데, 이때는 두 경영자 간에 협력도 잘 되고 회사도 나날이 발전했으며 승객들의 호감도도 날이 갈수록 높아졌다. 하지만 대자본을 앞세운 인천기선의 훼방으로 회사 사정이 어려움을 겪게 되면서 두 경영자의 사이도 틀어졌다. 이 틈을 타서 인천기선은 삼신기선이 운항하던 인천-강화 노선에 재빨리 취항한다.

1930년 3월부터 삼신기선과 인천기선은 강화항로를 놓고 다툼을 벌였는데, 인천부윤의 중재로 타협이 이뤄졌다. 인천기선은 강화도 항로를 폐지하고 삼신기선은 충청도 서산과 당진, 부리포(당진시 우강면), 이 3개 항로를 폐지하기로 한 것이다. 대신 황해도와 충청도 항로는 두 회사가 1개 항로씩 독점하는 것으로 일단락되었다. 한편 인천기선은 부산 등 남해안 연안 운송을 주로 담당하던 조선기선과도 끊임없이 분쟁을 일으켰다.

삼신기선은 차근차근 몸집을 불렸다. 인천과 영종도를 오가는 사람들이 늘어나자 1933년 3월 1일부터는 영종-인천 노선을 새로 취항했고, 1934년 3월에는 강화읍에서 길상면과 하점면 사이를 정기적으로 운행하는 차량 노선도 신설했다. 해상교통에서 육상교통으로까지 사업 분야를 확장한 것이다.

인천에서 하나밖에 없는 조선인이 운영하는 해운사였기에 삼신기선은 인천 사람들의 자부심이면서 강화도 주민에게는 좀 더 각별한 존재였다. 유진식이 강화도에 삼신상회를 차리기 전까지 강화도에는 대중교통이 전무하다시피 했다. 그런 강화도에 삼신상회가 소형 기관선이나마 운영하게 되면서 강화도 주민들의 육지 이동이 한결 편해졌던 것.

유진식 또한 강화도에 남다른 애정과 책임감이 있었다. 본사를 강화도에, 지점을 인천에 둔 데에는 회사를 강화도민 소유로 만들겠다는 그의 신념이 반영돼 있었다. 강화합일학교가 경영난을 겪을 때는 삼신기선이 석탄 3t을 기부하기도 했다. 강화 사람들의 지지와 후원에 힘입어 삼신기선은 1934년 9월 22일 강화읍 관청리 491번지에 사옥을 신축했다.

1930년대 신문 기사에는 삼신기선과 관련하여 이런 문구가 자주 등장한다. '우리 손으로 경영하는 해운업에 유일한 강화 삼신기선 회사'. 강화도 주민뿐 아니라 인천 주민, 더 나아가 조선인 모두에게 삼신기선은 자부심의 대상이었음을 짐작할 수 있다.

소형 기관선 강화환(江華丸)을 대표 선박으로 해운업에 뛰어든 삼신기선은 강화도민의 후원으로 사업이 번창해, 서울 용산에 본사를 둔 한강기선을 매수하였고 1933년 6월 24일 용강환(龍江丸)을 취항했다. 또 철선(鐵船) 갑제환(甲濟丸)을 진수해 인천-강화 노선에 투입했다. 갑제환은 인천과 강화 사이를 오가던 대표 선박이었는데, 작약도 앞바다에서 침몰한 평해환(平海丸)의 승객을 구조하기도 했다. 1949년 10월 8일이었다. 1963년에는 승객과 선원 등 270여 명을 태운 채 강화로 가다가 인천 서쪽 35km 해상에 떠 있던 얼음과 충돌해 승객 6명이 목숨을 잃는 사고가 발생하기도 했다.

[이발소에 타월을 들고 가던 손님들]

타월은 판촉물이나 기념품으로 요즘도 환영받는 아이템이다. 어느 집에서나 사용하는 생활필수품인데다 소모품이어서 받는 사람에겐 쓸모 있고 주는 사람에겐 큰 부담이 없기 때문. 타월이 기념품 품목으로 등장하기 시작한 건 대략 1910년대부터였다. 부산일보 1918년 5월 27일 자 기사에는 무술대회 기념품으로 타월을 나눠 주었다는 내용이 언급돼 있다. 1930년대 중반에 이르러서는 타월을 기념품으로 전달했다는 기사가 자주 등장한다.

하지만 이러한 흐름은 그리 오래가지 못했다. 1941년에는 세수수건이 모자라 일반 소비자들은 물론 인천지역 이발관에서도 적지 않은 곤란을 겪었다. 손님들이 이발소에서 쓸 수건을 가져가야 할 지경에 이른다. 이듬해 1942년에는 타월과 양말 구매를 전표제로 전환했다. 전표가 없으면 돈이 있어도 물건을 살 수가 없었다.

타월 제작회사들은 우리나라 타월의 역사가 1930년대 평양에서 시작됐다고 하나, 이는 사실이 아니다. 이보다 앞서 진해의 '타올 제직'(동아일보 1925.3.8.), '부산지역 면사 가공업: 구두, 타올 등 부진'(동아일보 1930.9.8.) 등의 기사가 전해오기 때문이다.

그 시절 국내에서 생산되는 타월의 질은 별반 좋은 편이 아니었다. 당시 신문광고에 등장하는 타월 광고는 주로 일본에서 생산되는 타월을 판매하는 광고였다. 1939년 5월에는 타월의 배급통제를 위해 조선타올공업주식회사 등 4개의 회사가 「조선타올」조합을 결성했다.

야스우라(安浦) 상점과 호시미츠(星光)상점

야스우라(安浦) 상점은 우라가미 치사오(浦上七三生)가 1917년에 세운 양품점이다. 우라가미는 인천상공회의소 의원으로 여러 차례 당선되었고, 후카미 토라이치(深見寅市)가 1940년 3월 만석동 2-8번지에 세운 대인조선(주)의 이사로 참여했다. 이 회사는 선박을 건조, 수리하던 회사였다.

호시미츠(星光)상점은 아베 쇼조(阿部章三)가 1927년 4월에 세운 약방으로, 의약품과 화장품을 판매했다. 중앙동 4가 1번지에서 시작해 1935년 신생동 10번지로 옮겼다.

아와야(阿波屋) 철물점

아와야 철물점은 카와바타 덴시로(川端傳四郎)가 세운 회사다. 그는 조선상업은행과 조선인촌(주), 조선 중앙석유(주)의 주주이면서 조선요업(주)의 이사였다. 조선 중앙석유(주)는 미국 스탠더드 석유회사의 한국 총대리점이었다.

신태범(1912~2001년) 선생이 인천에서 자라며 보고 들은 이야기를 묶은 『인천 한 세기』에는 카와바타를 인색한 업자로 평하고 있는데, 당시 신문 기사 중에서도 신 박사의 이런 평가를 뒷받침할 만한 내용을 찾을 수 있다. 1930년대 말 시멘트 품귀 현상이 심했을 때, 카와바타가 업자들에게 '시멘트 5만 포대를 한 포대에 1원 8전씩 공급한다'는 약정을 맺고 지키지 않았다는 것이다. 카와바타는 가격을 1원 20전으로 대폭 올리면서 공급량은 애초 약정한 5만 포대의 1/10에도 못 미치는 450포대만 공급해 원성을 샀다고 한다.

카와바타의 상거래 질서 문란행위는 여기에 그치지 않았다. 당시에는 시멘트뿐 아니라 철물도 기근이었다. 특히 못이 몹시 귀해서 현금을 주고도 구하기가 어려웠다. 카와바타는 그런 상황을 오히려 기회로 삼아 폭리를 취해가며 못을 팔았다. 그 시절 장사치들이 물건을 팔아 취하는 이윤은 보통 33%. 하지만 카와바타는 이를 훨씬 초과한 63%의 폭리를 취했다. 1932년 12월부터 4개월간 폭리 가격으로 못 851통을 팔아 그때 돈으로 3,000원의 부당이득을 얻었다고 한다.

당시 못은 공정가격제도 대상 품목이 아니었다. 그런데도 경기도 경제경찰과는 카와바타의 행위를 폭리로 결론 내리고 폭리취체령 제1조를 발동해 도지사가 계고했다. 폭리취체령이 생기고 첫 번째 계고였다. 쇠못은 카와바타의 주력 판매 물품이었다. 그가 운영하던 상점에서 판매부장으로 일하던 조선인은 해방 후 못을 만드는 회사의 지배인이 되었다.

카와바타는 중요 건축재료 중 하나인 모래(砂利)도 독점하려고 했다. 그런 카와바타를 인천경찰서에서 내사를 한 일도 있었다. 당시 동아일보는 '간지모리배(奸智謀利輩)'라는 말로 카와바타를 맹비난했다. 간사한 수단과 방법으로 자신의 이익만을 꾀하는 사람이라며 정면으로 비난하기를 서슴지 않았던 것이다.

카와바타가 했던 모리배 짓 가운데 한 가지를 더 소개한다.

소작농 강덕인이라는 사람이 있었다. 서곶면 포리(浦里)에 살며 카와바타 소유의 토지 19,800 ㎡(약 6,000평)를 빌려 농사를 짓던 사람인데, 어느 날 갑자기 카와바타가 그에게 땅을 빌려주지 않겠다고 한 것이다. 아무런 예고도 없이 하루아침에 먹고 살길이 막막해진 강덕인은 카와바타를 찾아가 사정을 호소하고 항의도 해봤으나 카와바타는 마름(지주의 지시를 받아 소작인을 관리하는 사람) 이춘문이 한 일이라며 모르는 척했다. 강덕인은 이 문제를 부천군 소작쟁의 위원회에 제기했다.

2. 관청가: 관동

인천 그림엽서의 원점

Key Map

Honmachi-dori, Port Chemulpo, Korea. (C) （町仲）り通町本川仁群朝

▲ [그림 3-6] 이 길을 경계로 관동 1가(우측)와 중앙동 2가(좌측)가 나뉜다. 신생동 일대에 형성된 상
가와는 다른 성격의 상업가로로 우체국, 여관, 약국, 문방구, 엽서점 등이 입주해있다.

관동은 인천의 주요 가로였음에도 중앙동에 비해서

남아 있는 사진 자료가 드물다. 아마도 중앙동과는 다른 성격의 상업가로여서일 것이다. 중앙동은 일반 소비자를 상대로 하는 상점이 주를 이루지만, 관동에는 화물하역청부업 같은 회사를 상대로 한 영업이나 신문사, 여관 등의 비중이 높은 편이었다.

[그림 3-6]의 좌측은 중앙동 2가(본정 2정목)이고 우측은 관동 1가(중정 1정목)이다. 사진 하단에 '본정통(중정)本町通(仲町)'이라고 쓰여 있는 건 그래서이다. 이 길은 여러 문헌에 '이사청통(理事廳通)'으로 표기돼 있다. 을사늑약 이후 인천의 일본영사관이 인천 이사청으로 바뀌면서 생긴 명칭인데, 그 이름이 일제강점기에도 계속 쓰였다.

같은 시기에 제작된 다른 엽서에 비해 이 그림엽서는 간판의 글자가 상당히 뚜렷하게 보이는 편이다. 좌측은 마츠다(町田) 서점으로 오사카매일신문, 잡지, 문방구 등을 팔던 곳이고 그 옆은 이발소이다. 두 가지 색상의 사선을 칠한 막대기가 세워져 있는 것을 보아 알 수 있다.

그다음으로 보이는 상점은, 진열장 옆면에 그림엽서를 뜻하는 글자, '에하카키(エハカキ)'가 적힌 인천시부카와(仁川澁川)엽서점이다.

인천 시부카와 엽서점은 시부카와 츠네지로(澁川常次郎)가 개업한 인천 최초의 엽서점이다. 엽서발행량도 가장 많았다. 시부카와는 일본 오사카 출신인데, 1924년 1월 1일 조선신문에 '회례(廻禮: 새해에 다니는 세배) 폐지 회원'으로 등재돼 있다. 그 시절 조선총독부 사회과는 생활개선을 목적으로 허례허식 폐지 운동을 벌였다. 세배와 연말연시에 주고받는 선물, 연회(신년회, 망년회, 송별회, 피로연 등)와 심지어는 연하장을 주고받는 것도 허례허식으로 규정했다. 공무원과 민간회원으로 이 운동에 참여할 조직을 구성했는데, 시부카와가 그 명단에 오른 이유는 그가 연하장을 발행하던 업소의 대표였기 때문일 것이다.

처음에 엽서전문점으로 문을 연 시부카와 엽서점은, 나중에는 약품부를 개설하고 조선신문(1916.1.1.)에 고려인삼을 판매한다는 광고를 내기도 했다. 광고 문구에 소개된 시부카와 엽서점의 위치는 '신생동2가(궁정2정목)'이다. '중앙동2가(본정2정목)'에 있던 엽서점이 이전하면서 인삼을 비롯한 약품도 취급하며 사업의 다각화를 시도했던 것으로 보인다. 그래야 할 만큼 그림엽서의 인기는 시들해지고 있었다.

1910년에 제작하기 시작해 1918년에 완성된 '인천지역 토지조사부'에는 시부카와 엽서점이 있던 중앙동과 신생동에서 시부카와 츠네지로(澁川常次郞) 명의로 된 토지는 찾을 수 없다. 이점을 고려하면 시부카와가 점포를 사지 않고 임대했을 가능성이 크다.

시부카와 엽서점의 매출이 하강 곡선을 그리고 있을 무렵은 카메라를 소유한 개인이 한창 늘어나던 때였다. 관광지에서 본인의 카메라로 직접 사진을 찍는 이들이 많아지면서 그림엽서를 찾는 손길이 눈에 띄게 줄었다. 원하는 풍경에 인물 사진까지 담을 수 있는 카메라가 있으니 굳이 그림엽서를 살 필요가 없어진 것이다.

저조한 매출 실적에서 벗어나기 위해 시부카와 엽서점은 해수욕장에 임시 암실을 설치, 카메라를 지닌 피서객들을 상대로 서비스를 제공했다.

시부카와 엽서점이 언제까지 엽서 가게의 명맥을 이어갔는지는 명확하지 않다. 다만 현재까지 발견된, 시부카와 엽서점과 관련하여 가장 나중의 기록은 조선신문 1926년 8월 15일 자에 실린 광고다.

그림엽서에서 오른편에 서 있는 건물들은 앞쪽부터 약방, 아사오카(淺岡) 여관, 하라킨(原金) 여관, 인천우편국이다. 아사오카 여관은 이토 히로부미가 인천을 방문할 때마다 으레 머물던 곳이다. 이 건물은 6.25 전쟁으로 집을 잃은 사람들이 사용하면서 빠르게 노후했고 결국은 철거된 것으로 알려졌다. 전쟁 직후엔 이 건물뿐 아니라 대불호텔과 송죽루도 피난민의 숙소로 사용되었다.

사진 속 가장 오른쪽 건물은 약방을 거쳐 쿄에이샤(共榮社)가 입주했던 건물로 임대용 상가였을 가능성이 크다. 집 앞에 쓰레기통이 보인다. 쓰레기처리는 도시의 위생과 직결된 문제여서 개항 초부터 거류민단을 중심으로 엄격하게 다뤄졌다. 집집마다 쓰레기통을 설치하도록 했다. 그러나 이때 설치된 쓰레기통은 나무로 된 것이어서 쉽게 망가지는 게 흠이었다. 그래서

1928년 인천경찰서와 인천부 위생계는 콘크리트로 만든 쓰레기통 설치를 권장했다. 신포동(新町) 카가타(加賀田) 상점에서 파는 콘크리트 쓰레기통 가격이 대형은 18원, 중형은 12원이었는데 이를 절반 가격 정도 되는 9원과 6원 50전에 살 수 있도록 인천경찰서와 인천부 위생계가 지원했다.

거리에 쓰레기통이 하나둘 등장하던 초기에는 내 집 앞에 쓰레기통을 설치했다는 게 일종의 자랑거리였다. 그래서 그 사실을 남들에게 과시도 하고 수거하기에도 편하게끔 하려고 건물 외부에 쓰레기통을 두었다. 하지만 쓰레기통을 설치하는 집이 늘면서 별것 아닌 일이 되자 외부에 놓인 쓰레기통은 골칫거리가 되었다. 악취를 풍기고 벌레가 들끓어 도시미관과 위생을 해치는 원인으로 지목된 것이다. 이에 인천부는 쓰레기통을 집 안으로 옮기라는 지침을 내리지만, 사람들은 냄새나고 벌레가 꼬이는 쓰레기통을 내 집 안으로 들여놓기를 꺼렸다. 하는 수 없이 인천부는 1938년 무렵 시가지 미관을 위해 거리에 쓰레기통을 두지 못하도록 하고 이를 단속했다.

3. 인천의 비버리힐즈: 송학동

(1) 서양인이 짓고 일본인이 살았던

인천 중구 송학동 1가. 지금은 자유공원과 맥아더 장군 동상으로 상징되는 곳이지만, 개항기엔 이곳이 인천 최고의 고급주택단지였다. 응봉산 정상에 우뚝 서 있던 세창양행 사택과 제임스 존 스턴 별장은 인천항의 랜드마크였고, 7~8부 능선에 늘어서 있던 고급주택들은 근대 도시 인천의 변화상을 함축적으로 보여주던 존재들이었다[그림 3-7].

이국적인 풍모를 뽐내며 도도하게 서 있던 서양식 주택의 주인은 대개가 서양에서 온 해(세)관원과 상사 주재원들이었다. 그리고 그들과 어깨를 견줄만한 부를 갖췄던 군역상인 코노와 아키다, 이 두 사람도 그곳에 버젓한 일본식 주택을 짓고 살았다.

하지만 가인박명이라더니 이곳에 있던 집들의 말로는 좋지 못했다. 세관원과 상사 주재원들이 살던 서양식 주택은 일제 강점 후 주인이 일본인들로 바뀌더니, 해방 후에는 인천지역 유력 인사들이 불하받아 살았다. 그리고 6.25 전쟁 때는 그중 상당수가 폭격을 맞아 크게 훼손되었다. 일부 집은 수리해서 살았지

▲ [그림 3-7] 세계 여러 나라 양식의 고급주택들이 들어선 근대인천의 상징과 같은 공간으로 근대 인천의 '비버리힐즈'라 할 만한 송학동의 모습이다.

만, 그렇지 못한 집들은 60년대 중반에 철거돼 지금은 그 이름만이 남아 있다.

존스턴 별장이 유명해진 건, 건축물로서의 가치와 함께 일본인들이 호텔로 리모델링한 뒤 '인천각'이라고 이름을 바꿔 대대적으로 홍보한 결과라고 생각한다. 근대기 그림엽서 가운데 '각국 공원'이니 '서공원'이니 하는 제목으로 팔던 엽서치고 존스턴 별장의 모습이 담기지 않은 것이 없다.

송학동 1가, 중구청 바로 뒤편에 있던 블록은 개항기 해관의 직원들, 해관원들이 살던 주택지였다. 가장 왼쪽 부지에는 홈링거 양행이 있었고 그 옆으로 모젤, 아키타, 홉킨스, 홀링스워스의 주택이 차례로 있었다. 그리고 각국 지계의 경계가 되던 계단을 사이에 두고 라포트의 주택과 오례당의 주택이 자리하고 있었다[그림 3-8].

					각국 경계 계단	
· 홉킨스 (L, A.Hopkins) · 시마카이 코이치 (島飼亨一)	· 코노다케노스케(河野竹之助) · 조선은행지점장사택 · 인천시민애집		· 뤼일르스(Luhrs) 헨켈(H. Henkel) - A. Henkel(헨켈 부인)이 매각 (1972년 3필지로 분할) · 이음1977(이기상 주택)_좌측 필지			· 라포르트 (제일교회)
· 흘링거양행 · 고토우(後藤) 변호사	· 모젤 · 독일국유화 · 이이다 (飯田, 미두사장) · 조선식산은행 지점장사택	· 아키타 다케시 (秋田 毅) · 요정 킨수이 (銀水)	· 홉킨스 · 노구치(野口)	· 토마스홀링스워쓰 (Thomas Hollingsworth) · 이마무라(今村)여관 · 다비다 어린이집		· 오례당 · 요시다 (吉田)의 집 · 동국빌리지
			· 제일교회 주차장			

▲ [그림 3-8] 송학동에 세워졌던 서양식, 일본식 주택의 위치와 소유자이다.

이 주택지에 살던 주인 가운데 일본인 코노와 아키타를 제외한 다른 서양인들은 해관원이거나 세창양행 직원이었다. 조선 땅에 오래 머물러야 했던 이들은 자신들의 생활양식에 맞는 서양식 주택을 지어 살았다. 오례당 주택은 수리를 거쳐 방첩대 사무실로 사용됐지만, 이마저도 화재로 소실돼 현재는 남아 있는 건물이 없다.

모젤의 주택은 일본인 이이다(飯田)의 소유를 거쳐 조선식산은행 인천지점장의 사택으로 사용되다가 전쟁 때 소실된 것으로 보인다. 독일인 모젤은 해관원이었는데, 그 부인은 요즘 말로 '부동산 큰손'이었다. 각국 거류지에 속해 있던 지금의 관동 3가 일대 땅을 사서 집을 지은 다음, 일본인을 상대로 임대업을 했었다. 이와 관련해 당시 일제가 펴낸 『인천부사(仁川府史)』는 오례당의 부인과 함께 모젤 부부도 악덕 임대업자로 기술하고 있는데, 이는 참으로 어처구니없는 일이다. 조선인을 상대로 고

리대금업과 부동산임대업을 해서 부를 축적한 이들은 자기네 일본인들이 아니던가 말이다. 자신의 잘못은 생각하지 않고 남의 잘못만 비판하는 이단공단(以短攻短)이 아닐 수 없다.

한편 모젤 부부의 말로를 보면 공수래공수거라는 말이 생각난다. 악덕 임대업자라는 비난까지 받으며 그토록 열심히 모았던 모젤 부부의 땅과 건물은 부부가 사망한 후 독일 정부 소유로 돌아갔다. 그들에겐 재산을 이어받을 자식이 없었기 때문이다.

(2) 훗날 요정으로 쓰인, 코노 다케노스케(河野竹之助)의 집

코노는 야마구치현(山口縣 雄毛郡 室津村)에서 태어나 1881년 무로츠(室津) 소학교를 졸업하고 선통사(善通寺) 사숙에서 한학을 배웠다. 1895년 24세 나이에 빈손으로 청일전쟁에 참전한 일본군을 따라 조선으로 건너와 평양에 정착했다. 이때부터 그는 군대에 물자를 공급하는 군역상인으로 활동하며 부를 축적했다. 당시 평양에는 일본인 32가구가 있었다.

코노는 평양에 정착한 그해 12월 25일 대지 면적 310㎡(94평), 건축면적 52.8㎡(16평 12칸) 규모의 건물을 매입해 잡화점을 열었다. 그리고 이듬해 인천으로 옮겨와 중앙동 4가 6번지(현 진흥각)에 잡화수입 무역회사를 개설했고 마이어 양행 소유이던 송학동의 땅을 사서 집을 지었다[그림 3-9], [그림 3-10]. 그로부터 17~18년이 지난 1913년 2월, 그는 데라우치 총독의 초대

▲ [그림 3-9] 코노 다케노스케의 집.

▲ [그림 3-10] 코노 다케노스케의 집 정문으로 지금도 이 모습이 그대로 남아 있다.

를 받을 정도로 성장해 있었다. 데라우치(寺內)가 자신의 관저로 지방경제와 상공업 현황을 듣기 위해 실업가를 초대했을 때 코노는 무역상으로 참석했다.

그는 인천 미두취인소(곡물을 거래하는 선물시장) 이사였는데, 인천 미두취인소를 서울로 통합하려 할 때 적극적으로 나서 반대 활동을 펼치다, 1931년 4월 24일 65세의 나이로 사망했다. 그의 장례는 마츠시마(松島 淸) 인천 부윤이 장례위원장을 맡아, 26일 사정소학교(현 신흥초등학교)에서 인천부민장으로 치러졌다. 코노가 경영하던 무역회사는 그가 사망한 후 아들 코노 세이이치(河野誠一)가 승계했다.

코노가 세운 이 건물은 1930년대 후반에 개축돼 해방 이후 요정(동양장, 송학장)으로 쓰인다. 그러던 것을 1965년 인천시가 매입했다. 그전까지 인천시장 관사는 신흥동에 있는 일본식 건물을 사용하고 있었는데, 코노의 건물을 매입하여 1966년부터 시장관사로 삼았다. 2001년까지 35년간 인천시장의 관사로 쓰인 이 건물의 평면 형태는, ㄇ의 좌측에 날개를 달아 전체적으로 F자가 가로누운 모습이다. 내부는 크게 사적 공간과 공적 공간으로 나뉘는데, 사적 공간은 ㄇ에 두었고 날개 부분이 공적 공간이다. 이곳에서 손님을 접대하고 연회가 이뤄졌다.

2001년 이후에는 인천광역시 시사편찬위원회가 이 건물을 사용했고 2021년에 수리를 거쳐 '인천시민愛집'이라는 당호를 걸고 시민에 개방됐다. 정문과 석축, 경사지에 조성된 정원은 과거의 모습을 비교적 많이 간직하고 있다. 석물(石物)은 일본식 정원을 구성하는 데 중요한 요소. 물을 담아두던 쵸즈바치(手水鉢)도 보인다. 출처 불명의 주초석과 비석에 쓰였던 옥개석은 코노가 생전에 수집했던 것들의 일부일 것이다.

(3) 독일 정부 소유가 된, 모젤주택

독일 출신인 모젤(F. H. Mörsel)은 인천해관 직원으로 활동했던 사람이다. 한국명 모세을(牟世乙)이었던 그는 정박지 관리자이자 조수(潮水) 조사원 겸 항만관리소장(Acting Tide surveyor and Harbour Master)이었다[그림 3-11].

그의 집은 현재 중구어린이집이 있는 송학동 1가 6번지에 있었다. 그림엽서 왼쪽 중간쯤 있는 서양식 건물이 모젤 주택의 옆 모습이다. 처음엔 이 집이 아키타 다케시(秋田 毅)의 집이라고 판단했으나, 아키타의 집은 바로 그 옆집이었다.

앞서 언급했듯 모젤에겐 자식이 없어 그가 사망하고 난 뒤 이 집은 독일 정부의 소유가 되었다(토지조사부, 1912년). 제1차 세계대전에서 독일이 패하고 적산으로 처리되어 조선총독부가 민간에 매각했다. 그 뒤로 인천 미두취인소 사장 이이다 모토오(飯田茂登雄)의 소유를 거쳐, 조선식산은행 소유로 이전돼 지점장의 사택으로 쓰이다 해방을 맞았다. 이후 기록은 발견되지 않았고 6.25 당시 포탄을 맞아 대문 기둥만 남고 건물은 없어졌다.

개항기 조선으로 건너와 성공한 일본인 사업가들은 골동품

수집에 열을 올렸다. 인천에서는 코노 다케노스케와 이이다가 적극적이었다. 코노가 석탑을 수집해 자신의 정원을 꾸몄듯이, 이이다의 정원에도 3층 석탑이 있었다. 조선총독부는 1916년 두 사람의 집에 있는 석탑을 조사해, 석탑 실측 도면이 첨부된 복명서를 남겼다. 이이다가 수집한 3층 석탑은 시흥시 대야동 의 효일사 터에 있던 것으로 알려졌다.

이이다는 오사카 미두취인소 사장을 지낸 마츠오 츠루오(松尾鶴男)의 사위였다. 1913년 4월 이이다는 인천 미두취인소 사장 으로 취임했는데, 인천 미두취인소를 오사카 취인소의 영향력 아래 두는 데 결정적인 역할을 한다.

그러던 1918년 7월, 일본에서는 쌀값이 폭등하면서 부녀자 들이 난동을 일으켰다. 그러자 일본 내각은 흉흉한 민심을 잠재 우기 위해 값이 싼 조선미 수입을 서두르게 되는데, 이때 이이 다는 일본18은행 인천지점장이었던 모리 쇼키치(森商吉)와 공모 해 조선미를 대대적으로 사들였다. 그러자 이번엔 우리나라의 쌀값이 폭등했고 전국에서 아사자가 속출했다. 이이다가 일으 킨 이 쌀값 폭등 사태는 그 이듬해 일어난 3.1운동의 도화선이 되었다.

쌀값이 계속 오를 것이라고 예상한 인천의 일본인들은 계속 해서 쌀을 매수해나갔다. 하지만 1919년 2월부터 떨어지기 시 작한 쌀값은 아예 폭락했고 대량으로 쌀을 매수했던 일본인들 은 위기에 처한다. 이들은 쌀값이 떨어지는 걸 막으려고 오히려

Key Map

▲ [그림 3-11] 송학동과 관동 일대에 들어선 건물의 명칭과 소유자들.

매수 주문을 냈지만, 쌀값은 더 떨어져 결국은 막대한 손해를 보았다. 갈 데까지 간 일본인 매수자들은 인천 미두취인소의 기금으로 미곡업자의 부도를 메우는 횡령 사건까지 일으킨다. 이것이 그 유명한 '인천 미두취인소 사건'이다. 조선총독부는 인천 미두취인소 거래를 중단시키고 증자를 하였으나, 미두취인소는 한동안 부진의 늪에서 벗어나지 못했다.

이이다와 관련자들은 사건이 발생하고 2년 후 실형을 선고받았다. 쌀값 폭등으로 조선 전체를 뒤흔들었던 이이다는 쌀값 하락으로 자신의 집마저 내놓아야 했다.

(4) '인천 소패'가 만들어진,
아키타 다케시(秋田 毅)의 집

    아키타 다케시가 운영하던 아키타 상회는 문어발식 영업을 전개했다. 증기선을 사서 해운회사도 경영했고 무역회사도 했었다. 해운회사에선 인천-대련 국제항로와 인천-해주 국내 연안항로 등을 정기적 운항했고, 무역회사에선 농기구와 강재, 토목, 광산 용품, 건축자재, 석탄 등을 수입해서 판매했다. 아키타는 상당한 자산가였다. 1911년에 『시사신보(時事新報)』가 조사해서 발표한 '국내 50만 원 이상 자산가'는 모두 1,018명(조선인 32명). 이 가운데 인천에서는 아키다 다케시 한 사람만이 속했다.

    이유는 모르겠으나 아키타 상회는 선박사고를 자주 겪었다. 1911년 4월에는 인천-해주 항로에서 아마쿠사 마루(天草丸)가 조난했고, 그해 6월에는 아키타가 탄 배가 인천에서 출발해 통진 조강포(粗江浦) 근처에서 풍랑을 만났다. 배가 전복되는 큰 사고였지만 다행히도 사망자는 없었고 금전적으로는 상당한 손해를 입었다. 연속되는 선박사고로 큰 타격을 입은 아키타는 인천에서 사업을 접는다. 그리고는 1912년 5월 15일, 모리나가 야스사부로(守永安三郎)와 함께 '경성어시장'을 설립한다. 인천과 부산에서 수산물을 받아 판매했는데, 4년이 지난 1916년 이 사업을 접고 인천으로 돌아왔다.

    아키타가 인천에서 사업을 접을 때 매각한 그의 집(중구 신포로35번길 68)은 '킨수이(銀水)'라는 요정으로 바뀌었다. 인천 최고의 부자가 세운 저택을 개조한 킨수이는 인천의 대표적인 요정으로 이름났었다. 1960년대까지 건물이 남아 있었지만, 현재의 건물을 짓기 위해 철거된 것으로 보인다.

요정 킨수이는 '인천 소패'를 만든 곳이기도 하다. 1930년대 초반 조선총독부는 지역마다 그 지역을 대표하는 노래를 만들라고 독려했다. 인천 소패, 대구 소패, 목포 소패 등이 이때 만들어졌다. '소패(小唄)'는 노래라는 뜻의 일본어. 일본식 발음은 '코우타'이다. '인천 코우타'는 킨수이가 전문가에게 의뢰해 만든 다음 1932년 7월 25일 인천 카부키좌에서 발표되었다. 이때 분위기를 한껏 띄우기 위해 인천의 예기들을 동원한 것은 물론이고 서울에서도 예기들을 불러 모았다. 일본 음악에 바탕을 둔 인천 코우타가 인천 곳곳에서 흘러나오면서 우리의 전통음악은 더욱 위축될 수밖에 없었다.

코우타(小唄)는 연주 시간이 3~4분 정도로 짧은 일본 음악의 한 장르다. 인천 코우타와 인천행진곡의 작사는 키시모토 유우(岸本勇)가 맡았다. 인천 코우타의 작곡가는 곤도 세이이치로(近藤政二郞), 가수는 후쿠무라 키미코(福むら貴美子)이다. 인천행진곡은 오무라 노쇼(大村能章)가 작곡했고 이우에(井上ケイ子)가 불렀다. 인천 코우타를 작곡한 곤도 세이이치로는 평양 민요도 작곡했고, 가수 후쿠무라 키미코는 원산 코우타도 노래했다.

인천행진곡을 작곡한 오무라 노쇼는 일본에서 상당히 유명한 작곡가다. 1909년에 해군군악대에 들어가, 일본군이 태평양 전쟁 때 즐겨 불렀던 군가 '동기의 벚꽃(同期の桜)'을 작곡한 사람이다. 이 군가의 노랫말은 화려하게 떨어지는 벚꽃에 전쟁에서 사라져가는 병사를 비유하고 있다. 그의 집은 현재 전시관으로 꾸며져 있다. 고향(山口県 防府市) 신사에는 그의 공덕비가 있으며 근처에는 그의 흉상도 놓여 있다.

인천 코우타 음반은 일본 콜롬비아 레코드가 제작했다. 카부키좌에서 인천 코우타가 발표된 1932년, 대구와 원산의 코우타와 행진곡도 제작되었다. 특이한 점은 서울(경성일보사), 부산(부산일보사), 대구(조선민보사)는 언론사가 주관해 코우타를 제작한 것과 달리, 인천은 요정이 주관했다는 것이다.

(5) 노블레스 오블리주,
노구치가 살던 홉킨스(L. A. Hopkins)의 집

노구치 분이치(野口文一)의 집은 송학동 1가 4번지였다. 해관원 홉킨스(L. A. Hopkins)의 소유였던 토지와 집을 매입해 살았다. 이 집터는 현재 송학동 1가 3번지와 함께 제일교회 주차장으로 사용되고 있다[그림 3-8].

노구치는 1882년 일본 사가(佐賀)현 사가(佐賀)군에서 태어났다. 부친이 청일전쟁에 참전했다가 중국 진저우(錦州)에서 전사하는 바람에 집안 형편이 넉넉하지 못했다. 어린 동생 둘과 함께 새벽 3시에 일어나 과자를 만들어야 간신히 끼니를 이을 수 있었다.

노구치는 아버지가 숨을 거둔 곳, 중국 진저우를 방문하기 위해 러시아어를 공부했다. 당시 진저우는 삼국간섭으로 러시아가 조차한 지역에 속해 있었다. 그런데 노구치의 러시아어 실력이 예사 수준은 넘었던 듯하다. 검정시험에 합격하여 통역을 맡을 정도가 되었다는 걸 보면 말이다.

노구치는 1899년 사가(佐賀)은행에 입사하여 1901년 6월 은행이 경영하던 탄광으로 옮겨 1904년까지 근속하다 퇴사했다. 그리고 1906년에 인천으로 건너와 아카다(秋田) 상회에 입사해 1910년에 지배인이 되었다. 1914년 9월 아카다(秋田) 상회가 경영난으로 폐업하자 회사를 인수한 뒤, 노구치(野口) 상회로 이름을 바꾸고 해운업과 석탄판매업에 뛰어들었다. 이후 그는 조선인촌(朝鮮燦寸) 주식회사 이사, 인천상공회의소 평의원, 상무위원을 거쳤고 이와노쿠니(阿波國) 공동기선회사 대리점도 경영했다.

일제강점기 인천항에 입항한 화물선은 인천항 독(dock)에 입항하거나 인천항 외항에 정박했다. 독 안에 들어온 배는 부두에서 바로 물건을 싣고 내릴 수 있지만, 외항에 정박한 배는 사정이 달랐다. 배에서 육지로 화물을 나르거나 육지에 있던 화물을 배로 나르는 선박이 따로 필요했다. 이 선박을 운항하는 사업을 카이소우(回漕)업이라 하는데, 노구치 상회는 이 사업에도 뛰어들었다. 그런데 1927년 3월 목선이 전복되는 사고를 당했다. 노구치 상회 소속 목선 3척과 케이다 쿠미(慶田組) 목선 1척이, 인천 외항에서 정박 중이던 기선에서 수입쌀 800여 포대를 나누어 싣고, 작은 증기선에 끌려 인천 내항으로 운항하던 중이었다. 갑자기 회오리바람을 만나 목선 한 척이 전복되면서, 쌀과 승조원 2명이 바다에 빠지는 사고가 발생한 것이다.

『조선신문』(1927.2.27.)은 노구치를 두뇌가 명석하고 사업의 귀재이면서 성격은 온화하다고 표현했다. 취미로는 바둑과 마작을 좋아했고, 나가우타(長唄: 가부키 무용의 반주 음악)도 즐겨 들었으며 서화에도 일가견이 있었다고 한다. 그는 1932년 지병으로 업무에서 물러난 뒤, 그해 9월 10일 51세를 일기로 사망했다. 9월 11일 서본원사에서 장례식을 치렀고, 위패는 고향 모로토미쵸(諸富町)에 위치한 쇼우류우지(正立寺)에 안치했다.

빈손으로 인천에 와서 사업으로 크게 성공했고, 번 돈의 일부를 고아원에 기부하는 사회적 책임감도 발휘했던 노구치. 그가 세상을 떠난 후 유족들은 그를 추모하기 위해 인천부 사회사업비용으로 1천 원, 인천조선인 자선회에 2백 원, 인천 불교비전원에 2백 원, 남인천상업학교와 인천여고에 각 3백 원, 합계 2천 원을 기부했다.

노구치는 해운업 노동자들이 물가 상승을 이유로 임금인상을 요구했을 때, 별도로 특별수당을 지급해 원만하게 해결했다. 또 자신의 고향을 아끼는 마음이 커서 어린이와 주민을 위해 사재를 기부했고, 일본의 4대 명절(新年, 紀元節, 天長節, 明治節)에는 떡을 나눠 주었으며, 여성 청소년을 위해 재봉실을 기증하기도 했다. 천황에게도 충성했던 인물로 1928년 11월에는 천황과 황후의 사진을 봉안한 봉안전을 기증하기도 했다. 고향 사람들은 향토 교육과 교육 진흥에 기여한 그의 공로를 인정해, 1941년 5월 고향의 초등학교 정문에 송덕비를 세웠다.

그 시절 인천에 살던 일본인의 상당수는 조선인을 멸시하고 핍박했지만, 노구치는 달랐다. 그가 조선인 전용목욕탕 건립을 위해 기부한 돈은 실제로 조선인에게 많은 도움이 되었다.

목욕이 일상화되어 있던 일본인들은 공중목욕탕에서 목욕하는 것이 자연스러웠지만, 우리나라 사람들은 옷을 벗고 남들과 어울려 몸을 씻는 것에 대한 거부감이 있었다. 인천에 거주하던 조선인들은 개항 후 30여 년이 지난 1910년대 후반에 이르러서야 자연스럽게 대중목욕탕을 드나든 것으로 보인다. 하지만 일본인들은 조선인의 목욕탕 출입을 허용하지 않았다.

목욕탕을 찾는 한국인은 점점 느는데, 1920년대 초반 우리나라 사람들이 목욕할 수 있었던 목욕탕은 인천에 한 군데밖에 없었다. 1923년 11월 경동에도 목욕탕이 생겨 두 군데가 됐지만, 그래도 부족하긴 마찬가지였다. 1931년 12월 노구치는 한국인 전용목욕탕 건립을 위해 1만 원을 인천부에 기부했다. 노구치가 정확히 어떤 의도로 거금을 내놓은 것인지는 알 수 없으나, 그의 기부금이 조선인의 위생 향상에 기여한 것은 분명하다.

인천부는 노구치의 기부금으로 신화수리 285, 286번지(현 동구 화도진로102번길 11)에 목욕탕을 짓기로 한다. 이곳이 우리나라 사람들이 많이 거주하는 동네의 중심지였기 때문이다. 1932년 11월에 공사에 착수, 12월 28일에 완공했다. 이듬해 1월 19일 오전 11시, 공설 욕장에서 개장식이 열렸는데 이 자리에 노구치의 유족이 초대되었다.

공설 욕장 운영은 박영섭이 맡았다. 개장 당일과 이튿날인 1월 19일과 20일엔 무료로 개방했고 21일부터 대인 2전, 소인 1전의 요금을 받고 정식으로 개장했다. 이후로 여러 차례 요금이 인상되어 1934년에는 대인 4전, 소인 3전을 받았고 6년이 지난 1940년에는 대인 요금이 8전으로 두 배나 올랐다.

해방 후 이 목욕탕은 한동안 시립 공설 욕장으로 운영되었다. 민간에 불하된 뒤에는 '선화탕'으로 이름을 바꿔 영업하다 폐업했다. 그 뒤 인근에 있는 화도교회가 매입해 선교관으로 쓰다가 현재는 비어있다. 인천부립 공설욕장으로 세워져, 90년 가까운 역사를 간직한 이 건물은 화수화평지구 재개발사업으로 조만간 사라질 운명이다.

(6) 인천 상공업계 유력인사, 이마무라가 살던 홀링스워스(Thomas Hollingsworth)의 집

해관 직원 토마스 홀링스워스(Thomas Hollingsworth)의 저택은 이마무라 카쿠지로(今村覺次郞)의 집이 되었다. 그 후 여관과 다비다 어린이집을 거쳐 건물은 철거되고 현재는 석축과 대문 입구만 남아 있다. 집터는 제일교회 주차장으로 사용되고 있다.

1875년 10월 가고시마(鹿兒島)에서 태어난 이마무라 카쿠지

로는 열아홉 살이 되던 해 인천으로 이주했다. 청일전쟁이 발발하기 직전이었던 1894년 4월이었다. 그리고 한 달 후 5월에는 이마무라 키미코(今村キミ子)의 양자로 들어갔다. 1910년에는 해안동 3가에 미두취인소 중매점을 열어 20여 년간 종사했다. 인천무진, 월미도유원회사, 인천수산회사, 인천철공소 등 인천지역 중견기업의 중역을 거쳐 1935년 당시에는 인천수산회사, 인천무진회사, 백천온천회사 사장을 맡고 있었다. 인천부의회 의원, 인천상공회의소 의원을 여러 차례 역임하는 등 인천지역 상공업계 유력인사였다. 인천미두취인소의 경성취인소로 병합 문제가 불거졌을 때 경성취인소 측에 유리한 행동을 보이기도 했다. 1939년 9월 17일 64세의 나이로 사망한 뒤, 20일에 동본원사에서 그의 장례가 치러졌다.

(7) 하와이 이민사업 책임자, 데쉴러 (David W. Deshler)의 집

사탕수수 농장이 많았던 하와이에서는 19세기 말에 이르러 부족한 일손을 메우기 위해 외국에서 노동자를 데려와야만 했다. 하와이 농장주들은 중국인, 포루투칼인, 일본인 등으로는 해결되지 않자 주한 미국공사 알렌(Horace N. Allen)에게 조선인 노동자를 보내달라고 요청했다. 이에 알렌은 고종을 설득해 하와이 노동이민을 추진했다. 1902년. 우리나라 이민의 역사는 그렇게 시작되었다.

알렌은 이민 관련 업무를 맡을 사람으로 데쉴러를 추천했다. 데쉴러는 인천에서 동서개발 주식회사를 운영하고 있었는데, 당시 인천에 거주하던 서양인들처럼 데쉴러도 응봉산 아래 고급 주택지에 집을 지었다. 데쉴러가 한국에서 사업을 접고 떠나던 1905년 6월, 요정 우로꼬(鱗)의 주인 다이사키 기요나나(大咲淸七)가 이 집을 매입해 우로꼬를 이곳으로 옮겼다. 해방 후에는 탤런트 최불암의 부친이 이 집을 소유했다.

인천 향토자료조사사항은 우로꼬의 건축물과 정원이 아름답고, 요리 솜씨가 뛰어나 유명하다고 기록하고 있다.

(8) 보이는 게 다가 아니었던 타운센드 양행

개항기 인천의 유명 상점은 인천을 넘어 전국적으로 이름을 떨쳤다. 세창양행을 필두로 홈링거 양행, 타운센드 상회 등이 대표적이다. 타운센드 상회는 '타운선 상회(陀雲仙商會)', '타운센트 상회', '타운센트 상사', '담손이 양행' 등으로도 불렸다.

개항기 인천에서는 여러 국적의 외국인이 각자의 삶의 터전을 일구느라 바빴는데, 이들에 대한 세간의 인식은 국적에 따라 사뭇 달랐다. 일본인과 청국인들은 대부분 자국에서 살기가 팍팍해 인천으로 이주한 사람들이라 악착같은 구석이 있었다. 지방에서 인천으로 몰려든 조선인들도 별반 다르지 않았다. 그러다 보니 일상에서 조선인과 일본인, 중국인은 서로 각축을 벌일 일이 많았고 자연스레 서로에 대한 인식이 좋을 수가 없었다.

이에 반해 서양인들은 조선인들과 개인적으로 접촉할 일이 많지 않았다. 그들은 주로 객주 등을 상대했기 때문에, 비교적 일반인들로부터 원성 받을 일이 적었던 것으로 보인다.

인천을 주 무대로 활동했던 미국 상인 월터 데이비스 타운센드(Walter Davis Townsend, 1856~1918). 그에 대한 인식도 이와 같은 맥락에서 이해할 수 있다. 조선인들은 타운센드에게 '담손이'라는 별칭을 지어 부를 정도로 우호적이었다. 또 우리나라 사람을 위해 의료활동을 펼친 랜디스에게는 '약대인'이라 부르며 존경심을 표했다.

보스턴 출신인 타운센드는 미국인 모스가 일본에서 운영하던 미국무역상사(American Trading & Co) 직원이었다. 그런데 1883년 김옥균이 차관을 얻기 위해 일본에 가면서 타운센드와 조선의 인연이 시작된다. 김옥균의 차관 제의를 일본 정부는 거부했고, 그때 미국 상인 모스가 그 제의를 받아들인 것이다. 이를 위해 모스가 조선으로 파견한 직원이 타운센드였다.

1884년 음력 5월, 김옥균과 함께 조선에 도착한 타운센드는 모스&타운센드 상회(Morse Townsend & Co, 이하 '타운센드 상회')를 차린다. 일본 요코하마 주재 미국무역상사의 조선지점이었다. 처음엔 타운센드 상회가 서울 교동에 있었다. 그런데 1884년 12월, 우정국이 전소되고 타운센드와 포크, 핼리팩스의 집이 약탈당하는 일이 벌어졌다. 그러자 이듬해 인천의 순신창(順信昌)을 사서 그 자리로 타운센드 상회를 옮겼다.

그 뒤로 타운센드는 사원 서상집과 함께 우리나라 전역을 대상으로 무역업에 뛰어든다. 가장 먼저 주목한 품목은 수익성이 높은 미곡(米穀)이었다. 그러나 타운센드 상회는 미곡을 거래하는 과정에서 인천감리서, 객주, 각 지방관리와 지속적인 마찰을 일으켰다. 아마도 서양식 상거래 방식을 따르는 타운센드 상회와 전통적 상거래 방식에 익숙한 우리나라 상인 간의 차이가 가장 큰 원인이었을 것이다. 게다가 자본을 갖춘 외국 상인이 등장하면서 객주들이 반발하고, 당시 징세 제도가 미비했던 것도 한 이유였을 것이다. 또, 타운센드 상회에서 물건을 가져간 객주가 물품 대금을 주지 않는 사례도 빈번하게 일어났다.

타운센드 상회는 조선 정부에 소총, 캐틀링 기관총 같은 무기를 공급하기도 했다. 창덕궁에 전등을 설치하는 데 필요한 발전기와 전등 등의 물품도 조달했다. 그 과정에서 큰 이익을 남긴 타운센드 상회는 1897년 3월 미국 스탠다드 석유회사의 독점판매권을 따내, 석유 무역으로도 큰돈을 벌었다. 1900년 한 해 동안 우리나라에 수입된 석유 총량은 1,268,370g. 이 가운데 미국산이 1,267,360g으로 전체의 99.92%를 차지했다. 일본산은 1,010g에 불과했다.

흥미로운 점은 당시 자료에, 석유량의 단위가 '와(瓦)'로 표기돼 있다는 점이다. 19세기 무렵 서양의 무게 단위인 g, kg을 받아들이면서 일본은 g을 와(瓦), kg을 천(瓩)으로 표기했고, 중국은 극(克)으로 표기했다. 석유를 부피 단위가 아닌 무게 단위로 거래했다는 사실이 흥미롭다.

타운센드 상회는 폭약사업에도 손을 뻗쳤다. 영국 노블폭약 회사 조선대리점이었는데, 인천 율도(栗島)에 폭약창고를 세운 것이 신의 한 수였다. 그 덕에 수요처에 폭약을 안정적으로 공급할 수 있었고 그로 인해 엄청난 이익을 보았다.

승승장구하던 타운센드 상회의 사업이 위축되기 시작한 건, 1905년 무렵이었다. 든든한 뒷배가 돼주던 미국 공사 알렌이 본국으로 소환돼 보호막이 사라진 것이 가장 큰 원인이었다. 을사늑약으로 의기양양해진 일본인 상인과의 경쟁에서 밀린 때문이기도 하다. 하지만 그 후로도 타운센드 상회는 사업을 축소하기는커녕 금융업에 새롭게 진출했다. 1910년 홈링거 양행 인천 지점이 문을 닫자, 홈링거 양행이 취급하던 홍콩&상하이 뱅크 업무를 인수하고 보험회사 대리점을 개설한 것이다.

전방위적으로 사업을 뻗치던 타운센드 상회의 일대기는 1918년 3월 10일, 타운센드가 세상을 떠나고 나서 비로소 막을 내린다. 그가 죽은 직후엔 그의 사위 아트킨스(James D Atkinson)가 이어받았지만, 그 이듬해 타운센드 상회는 맥코넬(William MacConnell)과 비들(A C Biddle)에게 매각되면서 타운센드 집안과의 인연이 끝을 맺었다. 하지만 모스&타운센드 상회를 인수한 두 사람은 1930년경 문을 닫을 때까지 그 상호를 그대로 유지했다.

타운센드 상회를 인수한 두 명 중 한 명이었던 윌리엄 맥코넬은 1905년 인천의 8대 해관장으로, 마지막 서양인 해관장이기도 했다. 그는 스물다섯 살 나이에 인천에 와서 강제 송환되던 1943년까지 타운센드 상회 대리인, 홍콩상하이은행(HSBC) 지점장 등을 지냈다.

미국 보스턴에서 태어나 23세 나이로 일본에 갔던 타운센드. 그는 모스 미국무역상사에서 쌓은 경험을 바탕으로 28세에 인천에 와서 엄청난 부를 축적했다. 그리고 62세에 인천에서 숨을 거뒀다. 전 근대적인 수준에 머물러있던 우리나라 상업체계를 뒤흔들며, 미국 공사의 강력한 후원 아래 성공을 거둔 그의 사업방식에 대해서는 다른 평가가 필요하다고 본다.

타운센드는 러일전쟁 당시 일본군 상륙을 위한 군용보트와 대량의 군수품을 공급해, 일본 정부의 환심을 샀다. 그런 그에게 일제는 상을 주기도 했는데, 이러한 사실은 잘 알려지지 않았다.

그는 정식으로 결혼은 하지 않았지만, 두 명의 일본 여인과 동거했다. 1882년~1886년까지 동거했던 일본 여인과의 사이에 아들 나오지로가 태어났고, 그녀가 사망한 뒤 마가렛이라는 딸을 데려온 일본 여인과 두 번째 동거를 시작했다. 타운센드의 의붓딸 마가렛은 타운센드 상회의 사원 아트킨스와 1905년 3월 18일 내리교회에서 결혼식을 올렸다.

타운센드 상회는 이런저런 사업에 손을 많이 댔지만, 인천에서 이름을 날리게 된 건 정미업 때문이었다. 인천은 황해도, 경기도, 충청도 지방에서 생산되는 질 좋은 쌀이 모이는 항구 도시임에도 정작 정미소는 없었다. 그러니 쌀에 돌이 섞일 때도 많았고 품질이 고루 관리되질 못했다. 일본으로 수출한 쌀은 저품질로 취급돼 제 가격을 받질 못했다. 이 점에 주목한 타운센드는 정미업에 뛰어들었다. 일본인 오쿠다(奧田貞次郎)와 공동으로 마찰정미기 4대와 12마력 증기엔진 등 관련 장비를 갖추고, 송학동에 정미 공장을 세운 것이다. 이때가 1892년이었다. 조선인들은 인천에 처음 생긴 정미소를 귀하고 고맙게 여겼다. 타운센드 정미소에 '담손이 정미소'라는 친근한 별칭을 지어 부르기도 했다. 조선인들이 타운센드라는 인물에게 호감을 지녔던 데는 타운센드 정미소의 역할이 컸던 것으로 보인다.

타운센드 가의 조선인 집사 송준용이라는 사람도 주목할 만하다. 그는 여러 가지 자선활동을 펼쳐 선행사례가 신문에 보도되기도 했는데, 그는 사실 친일에도 앞장섰던 인물이었다. 메이지 천황의 행적을 수록한 책을, 인천공립심상소학교와 인천공립고등소학교, 인천공립상업전수학교, 인천공립실과고등여학교, 인천공립보통학교 등 5개교에 비치용으로 기부했다. 사이토(寺內) 총독은 그의 그러한 공로를 인정해 상장과 함께 나무로 만든 잔, 목배를 수여했고 이를 인천부윤이 전수했다.

(9) 화재 감시의 첨병, 히노미야쿠라(火見櫓)

목조건물이 다닥다닥 붙어 있던 일본의 근세 도시에선 작은 불씨 하나로도 도시 전체가 화염에 휩싸이곤 했다. 특히나 1657년 도쿄에서 일어난 화재는 10만7천46명이나 되는 사상자가 발생한 초대형 화재였다. 이를 계기로 도쿠가와 막부는 소방체제 정비에 나선다. 도시 곳곳에 방화시설을 설치하고 화재감시탑 설치를 의무화한 것도 이때부터였다.

화재감시탑의 모양은 적군의 침입을 감시하던 망루를 본떠 만들었다. 처음엔 목재로 만들기 시작해 철탑으로 바뀌었고, 나중에는 소방서 건물의 일부로 세워지면서 철근 콘크리트조도 등장한다. 탑 꼭대기에는 감시자가 머무는 공간이 있었고 경보용 종도 달려 있었다. 이 화재감시탑의 이름은 '불을 감시하는 방패'라는 뜻의 화견노(火見櫓). 혹은 화견대(火見臺), 망루, 망대, 불종대라 부르는 이들도 있었다.

개항기 인천에 정착한 일본인들은 본국의 제도에 따라 소방대를 조직했다. 이색적인 건, 당시 소방대원들은 화재 진압과 함께 불길이 다른 동네로 번지지 않도록 건물을 철거하는 역할도 겸하고 있었다는 것. 그래서 주로 집 짓는 목수들이 민간소방대원을 맡았다.

인천에서 민간소방대가 처음 조직된 건 1884년이었다. 1889년 12월에는 관련 규칙을 개정했고 소방대원의 수도 늘렸다. 1896년 7월에는 민간조직을 공설로 발전시켜 가며 화재 예방에 힘썼지만, 실효성은 크지 않았던 듯하다. 1907년에서 1910년까지 3년 동안 화재로 소실된 건물이 무려 800여 채에 달했다.

대형화재가 잇달아 발생하자 이사청은 본격적인 소방설비

THE UPPER PART OF TUNNEL IN WESTERN JINSEN PARK　仁川西公園穴門上

▲ [그림 3-12] 홍예문 근처에 세워졌던 철제 화견노. 인천 시내에서 일어나는 화재를 감시했다.

를 갖춰나간다. 증기펌프를 도입하고 소방용 저수조와 화재 감시용 망루도 곳곳에 설치되었다. 소방용 저수조가 세워진 곳은 지금의 인천시 중구청 안과 신포시장 옆, 그리고 표관(현 KEB 하나은행 인천금융센터) 앞, 이 세 군데였다. 중구청 안의 것은 몇 년 전 우연히 발견되었다. 중구청 정비사업으로 땅을 파던 중 그 모습을 드러냈다. 돌을 쌓아 벽체를 구성하고 그 위에 돌을 덮어 만든 이 저수조는, 지금도 인천 중부소방서 관할 비상용 저수조라는 사실이 알려져 사람들을 놀라게 했다.

1910년에는 오늘날과 제법 비슷한 형태의 소방관서가 세워진다. '인천 상비소방소'라 불렸던 이곳은 현재 인천여자상업고등학교와 아주 가까운 곳에 있었다. 구체적으로는 지금의 학교 정문 말고 직전의 정문이 있던 곳이었다. 2층짜리 건물에 1층에는 소방차가 대기하는 공간을 둔 것이 오늘날의 소방서와 닮았다. 건물 뒤편 언덕 위에는 높이 7.8m, 면적 3.3㎡ 규모의 화재감시탑이 설치돼 있었다. 1919년 4월엔 전동에 소방파출소가 들어섰는데, 이때 같이 세워진 화재감시탑은 규모가 제법 큰 편이었다. 높이 13.8m에 면적은 13.2㎡였고 사이렌과 전화기도 갖추고 있었다[그림 3-12].

그러나 이 모든 소방시설은 일본인 거주지역에 한한 것이었다. 우리나라 사람들이 거주하던 동네는 소방 사각지대로 남아 있었다. 1913년에 이르러서야 조선인 사업가들이 경비를 갹출해, 경동 87번지 한 곳에 상비파견소를 설치하고 소방수와 기구를 배치할 수 있었다. 그 후로도 여전히 화재에 노출됐던 조선

▼ 중구청 지하저수조.

인 마을에선 증기 기관차에서 떨어진 불씨가 초가지붕으로 번지는 화재 사고가 끊이질 않았다.

(10) 인천! 인천으로 관앵객 사태 매일 평균 천 명

봄에는 꽃놀이, 가을에는 단풍놀이. 도식처럼 굳어진 우리의 오랜 놀이 문화다. 꽃놀이의 으뜸은 뭐니 뭐니 해도 벚꽃놀이일 터. 일제를 상징하는 꽃이라니 마음 한구석 불편함이 없진 않지만, 봄바람에 흐드러진 자태는 불편한 마음을 밀어낼 만큼 압도적이다. 낮이든 밤이든 벚꽃길 한 번쯤은 걸어야 비로소 봄이 온 것 같달까.

많이들 오해하는데, 벚나무의 자생지는 일본이 아니라 우리의 제주도다. 지난 2005년, 산림청이 일본 벚나무의 DNA를 추적했더니 제주 왕벚나무와 유전적으로 동일함이 밝혀졌다고 한다. 꽃은 제주도에서 먼저 피어났으나 그 꽃을 즐기는 놀이는 일본에서 먼저 시작됐다. 오래전 나라 시대 귀족들 사이에 매화를 감상하는 하나미(花見)라는 풍습이 있었는데, 헤이안 시대에 들어서 이 문화가 벚꽃을 즐기는 문화로 바뀌었다고. 그러면서 단순히 '꽃 구경'을 뜻하던 '하나미'는 '벚꽃 구경'을 의미하게 됐다고 한다.

일제강점기 우리는 벚꽃놀이를 '관앵(觀櫻)'이라고 했다. 밤에 벚꽃 구경하며 노는 것을 따로 야앵(夜櫻)이라 부르기도 했는데, 해마다 봄이 되면 인천에 벚꽃이 지천으로 피어났다. 인천의 벚꽃 명소로는 월미도가 가장 유명했고[그림 3-13], 만국공원도 이에 뒤지지 않았다. 인천부청 뒤편 킨수이(銀水) 앞길에도 봄이 올 적마다 벚꽃이 흐드러졌다. 송림동 수도국산 배수지 벚꽃도 볼만해서 인천부가 부청 직원과 기자들을 초청해 이곳에서 관앵회를 열기도 했다. 인천경찰서도 퇴근 후 관앵회를 열곤 했다.

인천은 다른 지역으로까지 소문난 벚꽃 명소였다. 창경궁과 왜성대, 장충단에서 벚꽃을 즐기던 서울시민은 주말이 되면 서울 외곽의 우이동이나 인천, 수원으로 발길을 돌렸다. 인천 월미도에 만개한 벚꽃을 보러 가는 서울 사람들을 실어 나르기 위해 서울역과 인천역을 잇는 임시열차가 편성되기도 했다. 놀이객이 얼마나 많았던지 그걸로도 모자라서 보통열차에 객차를 더 달아 승객을 날라야 할 형편이었다. 조선중앙일보는 '인천! 인천으로 관앵객 사태 매일 평균 천 명(1935.4.18.)'이라는 제목의 기사를 보도했고, 1936년 봄 월미도 유람객은 3만 명을 넘었다 (1935년 인천부 인구수 약 83,000명). 월미도의 대형 풀장 대조탕이 만원사례여서 미처 입장할 수 없었던 상춘객들은 벚꽃 아래 자리를 펴고 음주 가무를 즐겼다.

요즘 지자체에서 시행하는 개화 예상 시기를 알려주는 '벚꽃 알림서비스'도 알고 보면 이미 오래전 인천에서 처음 시작되었다. 벚꽃놀이가 인기를 끌자 조선총독부 인천관측소는 각 지방에 있는 측후소와 협력해 기온과 햇빛, 바람 등 벚꽃 개화에 영향을 주는 여러 요소를 조합, 지역별로 벚꽃 개화 예정일을 산정했고 이를 라디오를 통해 예보했다.

▲ [그림 3-13] 월미도 벚꽃놀이에 나선 사람들. 조선인과 일본인이 뒤섞여 벚꽃길을 걷고 있다.

상춘객이 늘어나는 봄마다 대목을 보는 곳이 또 있었으니 그건 바로 양조장이었다. 인천 도요다(豊田) 양조장에서 생산하는 히사고(瓢) 정종과 닛센카쿠(日鮮鶴)는 벚꽃이 만개하는 봄이 되면 서울과 인천을 중심으로 남부지방과 북쪽지방은 물론, 간도 각지에서도 주문이 쇄도했다. 금파 건너편에 있던 치시마(千島)정종지점 미야다(宮田邦三)는 치시마(千島)정종, 야마토다마시이(大和魂)를 벚꽃놀이 시즌에 맞춰 할인 판매했다. 상춘객들이 얼마나 많은 술을 마셨는지 세이카쿠(誠鶴), 센카쿠(仙鶴), 콘고우카쿠(金剛鶴), 오오니시(大錦) 상호가 붙은 빈 병에 행인들이 발이 걸려 곧잘 넘어질 정도였다.

▲ [그림 3-14] 벚꽃이 만개한 아키다의 집(요정 킨수이) 앞에 일본 여인 두 명이 서 있다. 뒤쪽에서 걸어오는 남자는 모젤의 집 앞을 지나는 중이다.

그런데 인천은 언제부터, 어떤 연유로 벚꽃 명소가 된 걸까. 월미도 벚나무는 러일전쟁에 참전했던 왜장 야마네 타케료(山根 武亮)가 심은 것으로 일본산 벚나무였다. 일본산 벚나무가 인천을 온통 덮게 되자 토종 벚나무도 심었다. 1932년 인천부는 우리 토종 벚나무 1만 그루를 경의선 수색에서 구해 월미도 정상 아타고(愛宕) 신사 부근에 심었다. 그 시절 '봄철 벚나무 심기'는 연례행사였다.

4. 바다 위(없던 땅)에 지은 집: 해안동과 항동

(1) 희망과 절망이 교차했던 조선의 관문, 세관통

소금기를 머금은 항구의 바람에 망토 자락이 나부낀다. 가마니를 잔뜩 실은 소달구지가 가쁜 걸음을 재촉하던 길. 사람과 마차, 자동차가 뒤엉켜 소란스럽고 분주했던 곳. 사람들은 그 길을 세관통(稅關通)이라고 불렀다. 조선에 당도한 이도, 조선을 떠나는 이도 거쳐야 했던 길목. 누군가는 그 길에서 희망을 품었고 누군가는 그 길목의 뒤안길에서 절망의 눈물을 훔쳐냈다[그림 3-15], [그림 3-16].

인천항에서 시내 방향으로 촬영한 그림엽서이다. 왕복 4차선은 뒹직한 널따란 길 좌우로 늘어선 건물들의 자태가 웅장하다. 개항장 여러 곳이 그렇듯 이곳도 바다를 메워 조성한 땅이었다.

① 인천우체국, ② 아사히야(旭屋)여관 ③ 닛센(日鮮)해운 ④ 오사카상선 인천지점 ⑤ 인천세관 ⑥ 노구치(野口)상점

Key Map

▲ [그림 3-15] 조선의 관문, 인천세관 앞길로 세관통으로 불리던 길이다. 인천을 떠나는 사람은 이 길을 따라 배를 타기 위해 인천항으로 들어갔고, 인천항에 정박한 여객선에서 내린 사람들은 이 길을 지나 자신들의 목적지로 갔다. 인천항에서 시내 방향으로 촬영한 사진이다.

(2) '츠쿠지 여관'이라고도 불린 아사히야(旭屋)여관

아사히야 여관은 츠쿠지(築地)여관, 인천여관이라는 상호로도 불렸다. '츠쿠지(築地)'라는 지명에는 '지면(地面)을 쌓는다(築)'는 의미가 있다. 즉, 매립으로 조성된 땅이라는 것. 일본에는 츠쿠지라는 지명을 붙인 곳이 많은데, 그 토지의 유래를 나타낸다. 도쿄의 츠쿠지(築地) 시장도 같은 이유로 붙여진 이름이다.

아사히야 여관은 투숙객이 줄어 영업이 어려워지자 1층 영업장을 임대로 전환했다. 1923년 이곳에서 개업한 키도 의원(원장 城戶誠一)은 돈을 모아 내동 94번지를 매입해 이전했다.

(3) 미술관이 된, 닛센(日鮮)해운 사옥

민간이 소유한 인천지역의 근대건축물 가운데 원형에 가까운 외형을 보존하고 있는 곳은 손가락으로 꼽을 정도다. 인천 중구 신포로15번길 4에 있는 선광미술관은 바로 그 손가락에 꼽히는 건물 중 하나다. 선광문화재단이 운영하는 선광미술관 건물은, 우라사키 마사키치(浦崎政吉)가 설립한 닛센해운 주식회사의 두 번째 사옥이었다.

우라사키는 1893년 3월 7일 대마도 이즈하라(嚴原)에서 태어났다. 중학교를 마치고 불과 20세 나이에 인천으로 건너와 해운업에 종사했던 인물이다. 그때가 1912년 5월이었다.

대마도는 일본에서도 오지에 해당하는 섬. 그런 곳에서 나고 자란 푸릇한 청년이 어쩌다 낯선 타국 땅으로 도항하게 되었을까. 대마도에서 한반도가 지리적으로 근접한 까닭에? 그것만으로는 설명하기 어렵다. 궁벽진 바닷가 마을에 살던 청년마저 개척정신으로 무장하게 했던 근대 일본의 단면을 엿본다.

인천에서 13년간 경험을 쌓은 그는, 1925년 9월 닛센해운 주식회사를 세우고 대표가 되었다. 인천요업(1930년), 인천도업(1931년), 닛센조는 물론 만주지역까지 사업 범위를 넓혀 일흥도장, 일만흥업(1933년, 만주) 등 다양한 업종의 여러 회사를 설립했다. 닛센해운은 진남포, 군산, 목포 등 주요한 항구에 출장소를 개설해 육상과 해상을 잇는 운송업과 대리점을 경영했다. 해방 후 일본으로 돌아간 뒤에도 여러 개의 회사를 세운 것으로 전해진다.

닛센해운이 처음 둥지를 튼 땅, '인천 중구 중앙동 23-7'은 바닷가였다. 처음 이 땅을 소유했던 사람은 세창양행 대표 칼 발터였는데, 닛센해운이 점차 주변의 토지를 매입하고 필지를 합쳐 현재와 같은 규모를 갖췄다.

닛센해운 건물은 해방 이후 국유재산으로 편입되었다. 1955년 ㈜선광이 매입해 현재에 이르렀다. 기사대기실 증축(1989년)과 근린생활시설 증축(1992~3년)을 거쳐 2008년 리모델링을 하여 현재는 전시실과 사무실로 사용 중이다. 건축물 정면에 있는 주출입구는 사용하지 않고 건물 왼편에 있는 부출입문으로 드나든다. 188㎡(57평)의 대지에 들어선 철근콘크리트조와 벽돌조

▲ [그림 3-16] 인천 시내에서 인천항 방향으로 촬영한 사진. 거리를 오가는 사람들과 짐을 실은 우마차가 뒤엉킨 번잡한 모습이다.

를 혼합한 구조로 외부는 석재로 마감했다. 연면적 817.7 m^2(247.8 평) 4층 건축물이다. 내부공간은 여러 차례에 걸쳐 바뀌어 원래의 모습을 찾기가 어렵다.

　사진에 등장하는 닛센해운의 첫 번째 건물은 일본식 목조 3층 건축물(③)이다. 후손들의 증언에 따르면, 지하 1층, 지상 3층 건물로 지하 1층은 당구장, 1층은 찻집, 2~3층은 사무실이었다고 한다. 1932년경 이 건물을 헐고 지금의 건물을 지었다.

(4) 인천항 입구 따라 옮겼던 오사카(大阪)상선 인천지점

개항기에 인천항을 바삐 오가던 대표적인 해운회사로, 일본우선회사와 오사카(大阪)상선을 꼽을 수 있다. 오사카상선은 1893년 3월 오사카-인천항로를 개설하고 대리점을 위탁 운영했는데, 1895년 10월부터는 지점을 설치하고 직영했다.

이때 세워진 건물은 양측벽을 벽돌로 세우고, 그 사이를 목조로 구축한 일본식 건물이었다. 이후 1914년 2월 해안동 1가 1번지에 건물을 지어 이전했다. 『다시 쓰는 인천근대건축』(손장원, 2006)에는 이 건물을 인천세관으로 오기했다. 인천항의 독(dock)이 완성되어 화물의 출입장이 사동으로 옮겨가면서 세관 옆에 건물을 새로 지어 옮겼다. 인천항 주출입구의 위치는 세 차례에 걸쳐 바뀌었는데, 그때마다 인천에 지점건물을 세운 해운회사는 오사카상선이 유일하다.

(5) 인천수족관(仁川水族館)

우리나라에서 처음 문을 연 수족관

육상동물을 관람할 수 있는 시설은 동물원, 식물을 전시해놓은 시설은 식물원, 물속에 사는 생물을 전시하는 시설은 수족관이라고 한다. 수족관의 '수족(水族)'은 '물에 사는 생물의 족속'이라는 뜻. 동물원이나 식물원과 달리 수족관은 생물들의 서식 환경을 명확하게 드러내는 이름이다.

'수족관(水族館)'이라는 명칭이 처음 등장한 건 1897년으로 거슬러 간다. 일본에서 제2회 수산박람회가 열릴 당시, 효고(兵庫)현의 한 유원지에 병설된 '와라쿠엔(和樂園)'에서 수족관이라는 명칭을 처음으로 사용했다. 그 명칭이 그대로 우리나라에도 전해져 현재까지 사용되고 있는 것. 그러나 와라쿠엔의 수족관이 일본 최초의 수족관은 아니었다. 일본에서 처음 세워진 수족관은 1882년에 개원한 우에노(上野) 동물원에서 '관어실(観魚室; うをのぞき)'이라 불린, 작은 민물고기 수족관이었다. 부지면적은 17.5평 정도였고 그만한 공간에 15개의 수조가 설치돼 있었다.

그럼 우리나라에선 수족관이 언제 처음 등장했을까. 여러 문헌과 인터넷 포털 사이트 백과사전은, 1977년 부산 용두산 공원에 세워진 해양 수족관을 우리나라 최초의 수족관으로 지목하고 있다. 그러면서 서울타워의 해양 수족관(1984)과 대한생명 63빌딩 수족관(1985)도 함께 언급하고 있는데, 실제 우리나라 수족관의 역사는 한참 더 거슬러 올라간 1915년에 시작된다.

일제는 자신들의 통치업적을 알리기 위해 1915년 9월 11일부터 10월 31일까지 50일 동안 경복궁에서 '시정 5주년 기념 조선물산공진회(始政五年記念朝鮮物産共進会)'를 열었다. 각종 농수산물과 공산품을 한곳에 모아 놓은, 품평회와 박람회를 절충한 행사였다.

거의 알려지지 않았지만, 그때 인천에도 공진회장이 있었다. 수산물의 발전상을 선전할 목적으로, 일제는 서울과 별도의 공진회장을 인천에 수족관 형태로 설치했었다. 인천협찬회는 인천 수족관을 주제로 한 그림엽서도 발행했다. 제작은 시부카와 엽서점이 맡았고, 시부카와 엽서점은 도쿄 인쇄소에 발주했다. 2장이 한 세트로 제작됐는데, 아침 해가 바다 수면에 비치는 모습을 배경으로 중앙에는 인천시가의 광경과 수족관의 전경을 나란히 담았다[그림 3-17]. 다른 한 장은 세로로 3등분을 하여 위쪽에는 수족관의 가을 모습을, 아래쪽에는 물고기의 모습을 배치했다.

▲ [그림 3-17] 인천협찬회가 시부카와 엽서점에 주문 제작한 인천 수족관 기념엽서.

당시 초대된 외빈의 면면을 보면 일제가 공진회를 꽤 무게감 있게 준비했다는 것을 알 수 있다. 다이쇼천황을 대신해 칸인노미야(閑院宮) 코토히토신노우(載仁親王) 부부가 박람회에 참석하기 위해 인천에 왔고, 이왕직 장관과 민병석 등이 인천항에서 그들을 맞이했다. 이때 인천항에는 그들을 환영하는 의미의 커다란 게이트가 세워졌다. 인천에 도착한 일행은 인천협찬회가 마련한 인천 수족관 낙성식에 참석해 행사장을 둘러본 다음 인천역에서 기차를 이용해 용산역을 거쳐 서울로 갔다.

인천에 공진회 별관으로 수족관이 세워지기까지는 당시 인천에 거주하던 일본인들의 노력이 숨어 있었다. 인천부윤을 중심으로 설치위원회를 구성하여 공진회 기간 중 인천에 수족관을 세우도록 활동을 펼친 것이다. 그런데 이들이 수족관 건설을 위해 힘쓴 것은 이때가 처음이 아니었다. 이 사실은 수족관 설치가 결정되고 난 뒤인 1915년 1월경, 수족관의 규모를 놓고 총독부와 인천 수족관 설치위원회가 의견 차이를 보이는 과정에서 드러났다.

당초에 총독부는 공사비 5만 원 정도의 대규모 수족관을 설치할 요량으로 설계를 진행하려 했었다. 하지만 인천 수족관 설치위원회의 생각은 달랐다. 인천에 대규모 수족관이 세워지는 건 어렵다고 판단했다. 그래서 1907년에 만들어 보관 중이던 설계도에 맞게 수족관을 지으려 했다. 인천 수족관 설치위원회가 보관하고 있던 설계도는, 인천거류민단이 일본공원(현 인천여자상업고등학교 일대)에 수족관을 개설하기 위해 만든 것이었다. 이 설계도는 오사카에 있던 기사에게 의뢰한 것이었는데, 1893년 산업박람회 부속관으로 세워진 사카이(堺) 수족관을 모델로 한 것이었다.

이때 만들어진 설계도의 구체적인 내용에 대해서는 알 수 없지만, 설치위원회는 이를 기반으로 총독부가 추진하던 대규모 수족관을 두 개로 나누어 200평 규모의 수족관을 만들었다. 길이 2.7m(1.5間) 정도 크기의 수족관을 여러 개로 나누어 바닷물고기를 넣고, 전면에는 관람객이 내부를 볼 수 있도록 유리를 달았다. 건립예산은 1만 원 내외였는데 인천협찬회와 기타성금으로 충당했으며, 8월 초에 수족관 건립공사가 마무리되었다.

그런데 이쯤에서 한 가지 궁금증이 생긴다. 공진회 개최 장소는 서울 경복궁이었는데, 왜 그곳에서 멀리 떨어진 인천에 별도의 공진회장을 만들어 수족관을 설치한 것일까. 그리고 근대기에 세워진 여러 수족관은 왜 하나같이 바닷가에 있었던 걸까. 이유는 간단하다. 그땐 지금과 달리 수조에서 오염된 해수를 완벽하게 여과할 수 있는 기술이 부족했기 때문이다. 그래서 바닷물을 직접 끌어들여 수조의 물을 갈아야 했고 그러려면 바다 가까운 곳에 수족관을 설치하는 것이 유리했던 까닭이다.

한편, 인천 수족관이 모델로 삼았던, 동양 최대의 규모를 자랑하던 사카이 수족관은 1935년 3월 27일에 일어난 화재로 전소되었다.

수족관으로 가는 길

인천수족관이 있던 곳은 지금의 중구 항동 6가 일대. 인천 수족관이 철거된 다음에 들어선 옛 인천 우체국은 지금도 과거의 모습을 간직한 채 남아있다. 이 지역은 바다를 메운 땅이다. 그래서인지 수족관 공사도 일본인으로 구성된 매립조합이 시행했다.

사실 미국인 모스는 경인 철도 건설이 추진될 당시, 이곳에 정거장을 설치할 계획이었다. 모스의 직원이라 할 수 있는 타운 센드 상회 서상집이 축조한 부두도 이 근처에 있었는데, 조선의 배는 대부분 이 부두에 정박했다. 이 지역이 매립된 건 1905년 이었지만, 그 이전에 해안 일부를 매립해 그리스인이 담배 제조 공장을 세우기도 했다. 그만큼 이 지역은 여러 사업자가 눈여겨 보던 땅이었다.

이 일대를 매립할 권리는 조승구, 김익승 등이 세운 매립회사가 갖고 있었는데, 그 권리를 나카모리(長森藤吉郎)가 사들여 매립 작업을 추진했다. 1906년 4월 13,000평의 부지에 매립이 완료되었고, 그 뒤로 '매립한 땅'이라는 뜻의 '축지정(築地町)'이란 이름을 갖게 되었다. 그리고 그로부터 9년 뒤인 1915년에 이르러 이곳에 인천수족관이 세워진다.

해동초인(海東樵人)이라는 필명으로 활동했던 최찬식(崔瓚植)이 『신문계(新文界)』에 기고한 '수족관관람기(水族館觀覽記)'에는 수족관 가는 방법이 자세히 서술돼 있다. 원문을 읽기 편하게 고쳐

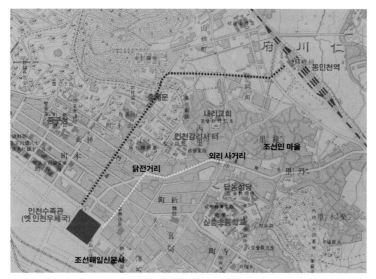

▲ [그림 3-18] 최찬식이 쓴, '인천수족관으로 가는 경로'를 축현역(현 동인천역)을 기준으로
1918년에 작성된 지도에 표기한 그림이다.

쓰면 다음과 같다[그림 3-18].

    수족관의 위치는 해안동 조일여관(필자: 아사히야 여관을 오기
로 보임) 앞 매립지로 사동(濱町)의 조선신문사(필자: 중구 사동 13
번지)에서 서쪽으로 가다가 조일여관 앞으로 방향을 틀면 좌
측에 위치한다. 이곳은 파도가 치던 곳으로 축항매립공사에
따라 육지가 된 곳이다. 대단하고 훌륭한 수족관 건물과 정
원의 웅장함을 보면 가히 상전벽해라는 느낌이 든다.

    자연스럽게 수족관으로 가려면 축현역에서 내려 정거장
후방에 있는 연못에서 연향을 맡으며, 남쪽으로 향하면 '축
공진회(祝共進會)'라는 큰 문이 화려한 색으로 환영한다.

다른 길은 좌측 통로로 진행하면 용리(龍里)를 지나 외리 사거리(필자: 경동사거리)파출소 소재지에 이르고 여기서 동쪽으로 가면 조선인 마을이다. 번창한 상점가를 지나면 신정(新町: 구 닭전거리-필자: 김구선생 동상이 설치된 광장)에 이르고 여기서 남쪽으로 방향을 바꾸면 해변방향으로 수족관에 도달한다.

다른 길은 우측통로를 따라가면 인천의 명물인 혈문을 지나 직로로 수족관에 도달하는 바, 이 길은 9월 20일 데라우치총독이 이용했던 길이다. 수족관 정문에 도달하면 각종 물품을 판매하는 화려한 매점이 사람의 눈길을 끈다. 입장객이 많아 혼잡한 정문은 일각대문형(一脚大門形)으로 사각기둥 2개를 세웠다. 두 기둥을 연결하는 가로재(문미: 門楣)에 '인천수족관(仁川水族館)'이란 글자를 달았고, 그 윗부분은 파도형으로 꾸미고, 중앙에는 인천협찬회 휘장을 그렸다. 양 기둥 위에는 커다란 깃대를 설치하고 협찬회 기를 올리고 전등으로 장식했다.

인천수족관의 배치와 건축양식

최찬식의 '수족관관람기(水族館觀覽記)'는 수족관의 배치와 구성을 아는 데도 큰 도움이 된다. 이 글에 따르면 인천에 세워진 수족관은 물산 공진회 기간 중 임시로 설치한 시설물이었으나, 수족관의 기능과 박람회장의 성격을 겸하고 있었음을 알 수 있다. 다음은 최찬식의 글을 정리한 것이다[그림 3-19], [그림 3-20], [그림 3-21].

이우에(井上)사진관

인천수족관 본관

공연장

엽서 관매점

동서연초 휴게소

애독자 휴게소

각종 물품 매점/서양식 바와 홀/서화판매점

始政五年記念仁川水族館全景

▲ [그림 3-19] 인천수족관을 측면에서 촬영한 사진이다. 사진에 등장하는 건물과 최찬식이 쓴 글의 내용이 일치한다.

　　수족관의 명성이 전국으로 퍼져나가 관람객을 수송하는 기차가 매일 복잡하고 수족관이 위치한 인천 시가지는 졸지에 변화해졌다. 인천수족관은 시정오주년기념공진회와 상의하여 특설한 것으로 인천협찬회의 협찬으로 만들었다. 수족관 연면적은 162평(1층 108평, 2층 44평, 3층 10평)이고, 9.4m에 달하는 기념탑이 세웠다. 부속시설물로 저수지(12평), 여과지(4.9평) 등이 있었다. 공사비는 당초 1만 원을 책정했으며, 실제로는 약 7,800원 정도가 들었다. 1층은 대지의 형상에 맞춰 비행기 모양으로 만들어 양측으로 수조 20여 개를 설치하여 그 가운데 2개는 양어조로 사용했다. 좌측 끝에 위치한 대형 수조에는 큰 물고기를 넣었다. 우측 끝에는 바닷물을 채운 연못(海水池)을 두었다. 2층에는 수산물 진열장과 관람객 휴게공간을 두었다. 3층에는 유리창을 설치하여 인천항을 전망할 수 있도록 했다. 설계는 조선은행 군산지점, 천도교중앙대교당 등을 설계한 나카무라 요시헤이(中村與資平)가 맡아 당시 최신식 건축양식이 적용되었다. 지붕에는 버건디(Burgundy)색을 칠해 바다색과 대조를 이루도록 했다. 정면 중앙에는 화려하고 아름다운 기둥 장식을 둘렀다. 1층 내부는 모두 1층 내부는 모두 물속 같은 느낌이 나도록 칠했다. 구조는 공사비를 줄이기 위해 목조로 하고 외부에는 석회를 바르고, 내부는 석회포로 천장은 종이로 마감했다.

인천수족관에는 동측으로 동서연초회사 휴게소, 관람자 휴게소, 접대원대기소, 내빈휴게소, 조선신문사 애독자 휴게소, 서양식 바와 홀 등의 매점이 있었다. 여기서 남측을 따라 돌면 각종 매점, 서화 진열 매점, 그림엽서 판매소 등이 있었다. 서남측 모퉁이에는 무대, 서측에는 응급센터와 인천부청 출장소, 서측 중앙부 분수대 맞은편에는 수족관 본관 그다음에는 여과지(濾過池)와 이우에(井上)사진관 출장소가 있었다. 서측 모퉁이에 위치한 작은 연못에는 조어(釣漁; 원문은 '약어(約漁)')인형이 한가롭게 앉아있으면서 간간이 금붕어를 낚아 올리는 형상은 살아있는 것처럼 보여 지방 관람객들을 놀라게 했다. 여기부터 북동쪽에는 각종 매점이 그다음부터는 해녀관, 잠수관이 있고 정원 안에는 수목이 울창한 중간에 전등이 빛을 발해 별천지 같다.

▲ [그림 3-20] 인천수족관을 정면에서 촬영한 사진. 본관, 등대 모양의 분수대, 연못, 무대가 있다. 관람객이 안내판을 읽고 있는 모습도 보인다.

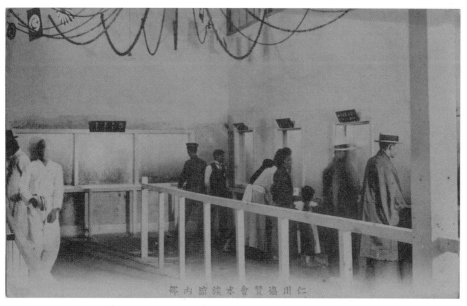

▲ [그림 3-21] 인천수족관 관람실. 관람객들이 유리 너머로 물고기를 관람하는 장면이다.

오늘날의 문체와 달라 조금 어색하긴 하지만, 내용을 알고 읽으면 마치 현장을 관람하고 있는 듯한 느낌이 들 정도로 구체적으로 묘사돼 있다.

그런데 인천수족관의 설계를 두고 『매일신보』와 『신문계』의 주장이 서로 엇갈린다. 매일신보는 일본 사카이(堺) 수족관을 모방해 오사카에서 활동하는 기사가 설계한 것(이하 '오사카 기사 설계도')이라 하고, 신문계는 나카무라 요시헤이(中村 與資平)의 작품이라고 기록하고 있다. 그래서 나카무라 요시헤이가 오사카에서 활동하며 설계했을 가능성은 없는지 살펴봤으나, 특별한 연관성을 찾기가 어려웠다. 그렇다고 어느 한쪽의 주장이 잘못된 것이라고 볼만한 근거도 적다.

다만, 공사예산을 산정하는 단계에서 총독부와 인천협찬회가 이견을 조율할 때, 오사카 기사 설계도가 언급됐다는 점에 주목하면 간단히 결론 내릴 수 있다. 수족관의 규모는 오사카 기사 설계도를 바탕으로 정해졌고, 실제로 건축될 때는 나카무라 요시헤이가 설계를 맡았을 것이라는 추론이 합리적이지 않을까. 물론 이는 어디까지나 추정이다.

인천수족관의 명물, 강치와 고래

최찬식은 '수족관관람기(水族館觀覽記)'에서 인천 수족관의 내부를 '육상의 용궁'이라고 표현했다. 그러면서 내부 구조를 상세하게 설명해놓았는데, 1층에는 살아있는 물고기가 있는 연못

과 수조를 배치하였고, 2층에는 표본실을 두어 물고기표본을
전시했다고 한다. 관람 동선은 입구 근처에 있는 연못을 먼저
보고 동측으로 진입하는 방식이었던 것으로 보인다. 본관 입구
좌측을 따라 들어가면 각종 물고기가 노는 천지(泉池)가 있으며,
또 입구로부터 동측을 따라 진입하면 각종 수조가 있다고 설명
해놓았다.

　전복과 함복상어가 있는 제1수조에서 가재가 있는 제5수조
까지 있었다. 여기서 방향을 꺾으면 동남측에 배치한 대형 제6
수조 안에는 도미와 검은 도미, 송어, 전복이 살아 움직였고, 방
향을 틀어 남측으로 가면 제7수조에서 제11수조까지 있었다.
여기서 2층으로 올라가 어족표본을 보고 내려오면 서측으로 이
어져 제12수조에서 제14수조까지 관람할 수 있었다. 그리고 다
시 방향을 틀어 서북 방향으로 가면 커다란 연못에 강치가 있었
다. 재차 방향을 꺾으면 제15수조부터 제18수조를 거쳐 출구로
이어졌다. 출구 밖에 있는 수금지(水禽池)에는 기러기, 오리, 구
관조 등의 물새가 있었다. 관람객은 수조마다 설치된 사각형 유
리를 통해 수조 안에 있는 물고기를 관찰했다. 수족관이 널리
알려지지 않았을 때, 유리창 너머 물속에서 헤엄치는 물고기
들이 무척이나 신기하고 신비롭게 느껴졌을 것이다.

▲ [그림 3-22] 인천수족관에 전시된 강치.

수족관에 있던 어류 중에 관람객의 눈길을 가장 많이 사로
잡은 건 강치와 고래였다[그림 3-22]. 강치는 당시 신문 기사에
잠깐 언급되기도 했다. 1915년 9월 22일 자 『매일신보』는 데라
우치(寺內) 조선 총독의 인천수족관 방문일정을 상세하게 보도
했는데, 그 내용 중에 강치가 잠시 등장한다.

인천수족관을 주제로 한 그림엽서 중에도 강치와 비슷한 생
김새를 한 동물이 담긴 게 있긴 하다. 물개같이 생긴 동물이 등
장하고 '해려(海驢)'라는 글자가 새겨져 있다. 이름도, 생김새도
낯설다. '해려(海驢)'는 강치의 한자식 표기로 '려(驢)'는 '나귀'를
뜻하고, 일본에서는 '메치(メチ)', '아시카(あしか)'로 부른다.

우리에게 강치는 잘 알려진 동물이 아니다. 아마도 육지에서

먼 독도에 서식하던 동물이기도 하고 일찌감치 멸종되는 바람에 흔히 접할 수 없었기 때문일 것이다. 그런 강치가 최근 독도에 대한 일본의 억지 주장과 맞물려 화제로 떠오르고 있다. 해양수산부는 강치복원 사업을 추진할 것이라고 밝히기도 했다.

조선 시대에는 강치가 '가지어(嘉支魚)' 혹은 '가지어(可支魚)'로 불렸다. 『정조실록』과 이익의 『성호사설』에 이와 관련된 기록이 있고, 강치가 많이 사는 독도를 '가지도(嘉支島)'라고 불렀다고 한다. 섬의 별칭까지 만들어낼 정도로 많이 살던 강치는 어쩌다 멸종되고 말았을까.

강치가 멸종된 것은 일본인 나카이 요자부로(中井養三郎)가 설립한 어업회사가 강치를 남획했던 탓이 크다. 통계에 따르면 독도에서 포획된 강치의 수는 1900년대 초반에 급증했다가 점차 감소했고, 마침내 멸종한 것으로 알려졌다. 인천에 수족관이 개설된 건, 1915년. 이보다 5년 앞선 1910년 런던에서 개최된 영일박람회에서, 일본은 강치 가죽으로 만든 가방을 전시해 상을 받았다. JTBC가 2020년 3월 보도한 바에 따르면, 강치를 멸종시킨 나카이 요자부로의 손녀가 '독도와 강치'를 주제로 한 그림책을 만들었고, 이 책을 활용해 일본 초등학생들에게 왜곡된 역사를 심는 데 앞장서고 있다고 한다. 100여 년 전, 독도에서 포획돼 인천수족관에서 전시되다가 생명을 다했을 그림엽서 속 강치. 그 눈빛에서 망국의 설움을 마주한다.

강치에 비길만한 인천수족관의 또 다른 명물이었던 고래.

『매일신보』 1915년 9월 28일 자에는 '수족관에 대경래(大鯨來)'라는 제목의 기사가 등장한다. 그 내용은 이렇다. 그날 인천 어부 몇 사람이 항구 밖 70리 되는 곳에서 도미 그물을 치고 고기잡이를 하던 중, 3m 정도 크기의 고래를 잡았다. 어찌할 바를 모르던 어부들은 고래를 산 채로 인천항으로 끌고 와 수족관에 설치된 저수지에 넣고 관람자들에게 보여주었다는 것이다. 기사는 고래가 숨을 쉬면서 뿜어내는 물줄기를 '살아있는 분수'라고 표현했다. 물속에 들어갔다가 조금 있으면 숨을 쉬기 위해 올라와서 물을 석 자씩이나 뿜어 가며 돌아다니는지라, 수족관에는 의외의 '활동 분수탑'이 생겨 명물이 되었고 관람자는 눈을 번쩍거렸다.

흥행에 성공한 인천수족관

조선총독부는 물산 공진회 흥행을 위해 갖은 방법으로 관람객을 끌어모았다. 심지어는 지역별로 동원해야 할 인원을 할당해주기까지 했다.

그런 노력이 통한 것인지, 인천수족관에는 많은 관람객이 몰렸다. 개관 첫날인 9월 11일 3시부터 야간까지 1,500매의 입장권이 판매되었다. 13일에는 인천 여학교 학생들이 수족관을 찾았고, '황해도관람단 4,500인은 11일부터 200명씩 수족관을 관람할 예정'이라는 기록이 남아있다. 여주(驪州)관람단 150명은 13일에 입장했으며, 일요일인 19일에는 4,300명이 몰려 개관한 이래 가장 많은 입장객 수를 기록했다. 관람객을 유인하려는 방책으로 총독부는 군함을 인천항에 입항하도록 했는데 이 방법이 통했다. 군함도 보고 수족관 구경도 하자며 사람들이 인천으로 몰려든 것이다. 이외에도 21일에는 황해도 송화군에서 78인, 은율군 갑조에서 68인, 충남 서산군에서 140인, 22일에는 황해도 안악군에서 114인, 수원학교 학생 88명이 단체관람객으로 수족관을 찾았다.

조선에서 처음으로 개설한 수족관은 조선 땅을 넘어 만주와 일본에도 소문이 났다. 그리고 인천에 거주하던 일본인들은 수족관에 물심양면으로 정성을 기울였다. 요시다(吉田秀次郎)는 제작비 300원을 들여 만든 정미소 모형을 전시했고, 이이다(飯田)는 수족관에 들어갈 물고기들을 오래도록 살릴 방법을 찾아냈다. 수산회사의 구보다(久保田)는 오분도 앞바다에서 물고기를 채집해 전시했다. 칸인노미야(閑院宮)와 사이토(寺内) 총독이 인천수족관을 방문해 그들을 칭찬하기도 했다.

박람회 단골손님이었던 수족관

수족관으로 재미를 본 인천의 일본인들은, 1923년에 다시 수족관 설치를 추진한다. 그해 가을에 열리는 부업 공진회를 기념한다는 명목이었다. 이를 위해 인천상업회의소 서기 등 8명으로 구성된 청원위원이 총독부를 방문했다. '상공과장, 수산과장 등을 만났으나 결정된 것은 없고 추후 구체안이 작성될 예정이며, 당시 추정된 건설비는 4만 원 정도였다'라는 내용이 그해 7월 신문에 보도되었다. 부업 공진회를 기념하는 행사로 수족관을 설치하는 것 외에 군함과 비행기를 전시하는 방안도 검토되었다.

해방 후에도 수족관은 박람회가 열릴 때마다 단골손님으로 등장했다. 1962년 4월 경복궁에서 열린 군사혁명 1주년 기념 산업박람회장에도 수족관이 설치됐는데 이때는 함께 설치된 해녀관이 논란을 일으켰다. 해녀관 안에서 실제 제주도 해녀들이 해초를 채취하는 모습이 연출되었기 때문이다. 재경 제주 학생들은 '이러한 행위는 본래의 목적에 어긋나는 것으로 인간의 존엄성을 유린하고 국가 위신을 추락시키며, 해녀에 대한 그릇된 인식을 주어 제주 여성에 대한 명예를 훼손하는 것'이라는 이유로 시정을 진정했다. 그런데 사실 이 해녀관의 시작은 인천수족관이었다. 이후 수족관을 설치할 때마다 관습적으로 해녀관을 운영하다가 1962년에 이르러 낭패를 본 것이라 하겠다. 달라진 인권 의식의 단면을 엿볼 수 있는 사례이다.

인천수족관을 짓기 위한 움직임들

박람회가 열릴 때 부대 행사로 설치되곤 하던 수족관을 아예 상설하자는 움직임이 일기 시작한 건 1928년이었다. 그해 5월 월미도 수족관 건설이 부결되었다는 기사가 보도되더니, 7월에는 '인천 수족관 월미도에 실현'이라는 기사가 실렸다. 유

▲ [그림 3-23] 인천수족관에 설치된 가설무대에서 공연 중인 용동권번 기생들.

▲ [그림 3-24] 인천수족관에 설치된 가설무대에서 공연 중인 얏코테이(奴亭) 기생들.

람객 유치를 위한 방편으로 월미도에 수족관 설치를 희망하는 이들이 있었고, 개항 50주년 기념행사의 하나로 월미도 해안에 수족관을 세우기 위해 2만 원의 예산으로 인천부와 남만주철도 주식회사 사이에 협의가 진행되기도 했다. 또한 1937년 4월에는 월미도 석유 창고 이전지에 3만 원의 공사비로 신축한다는 계획이 발표되었다. 그러나 이는 단지 계획에 그쳤을 뿐 실현되지는 못했다.

인천에 상설 수족관을 짓기 위한 움직임은 해방 이후에도 계속되었다. 1966년에 이어 1976년에는, 동양화학(대표 이회림)이 동양 최대규모의 매머드 수족관과 조탕을 미추홀구 학익동에 건립할 계획을 세웠다. 동양화학이 소유하고 있던 매립지가 대상 부지였다. 인천시의 권유로 시작돼 행정지원을 받으며 추진된 이 해양 관광지 개발 사업은 1만5천여 평의 매립지에 8억 원을 투입하여 수중 터널과 수족관, 휴게실 및 조탕 등을 갖춘 8층짜리 관광호텔과 해수 풀장, 쇼핑센터 등 동양 최대규모의 해양관광단지를 개발할 계획이라는 당시 언론의 보도도 있었다.

1980년대에는 인천에 민자유치사업으로 국제 수준의 대규모 수족관을 만들고 송도해수욕장에 깨끗한 바닷물을 공급하는 대형 해수 풀장 조성계획이 세워졌다. 1990년대에 들어서는 동아건설이 수족관 설립을 추진하면서 인천시는 약 5백만 평에 이르는 김포의 매립지 일부를 해양 종합 관광단지로 개발할 것을 적극적으로 검토했다. 1993년 코리아 시랜드가 월미도 앞바다에 폐유람선을 띄워 해양생물 표본전시장과 거대한 수족관을 꾸며 해양박물관을 만드는 사업을 추진했다.

2006년 4월 11일에는 국내 최대규모의 인천 아쿠아리움 착공식이 열리기도 했다. 인천 아쿠아리움은 63씨월드(650t)의 6배, 코엑스 아쿠아리움(2,500t)의 1.5배 크기였다. 기네스북에 올라있는 일본 오키나와 수족관 9m보다 큰 것이었다. 이 외에도 인천지역 수족관 건설과 관련한 계획이 몇 가지 더 있었는데, 처음 논의를 시작한 지 한 세기가 넘도록 인천에는 단 한 군데의 수족관도 건설되지 못했다.

인천 수족관을 좀 더 넓은 시야로 살펴보기 위해 '공진회'와 관련한 자료를 검색하다가, 일본 웹사이트에서 'I♥시정오년기념조선물산공진회(I♥施政五年記念朝鮮物産共進會)'라는 문자를 인쇄한 셔츠를 판매하고 있는 것을 발견했다. 상품을 게재한 웹페이지는 공진회의 유래에 대해서도 자세히 설명하고 있었다. 이를 보면서 일본이 우리나라를 강점한 것은 결코 과거의 일만은 아니라는 것을 느낄 수밖에 없었다. 이런 상품을 사고팔고 착용하는 행위를 통해 지금도 많은 일본인이 일제의 침략행위를 자랑스럽게 생각하고 있다는 느낌을 지울 수 없었다. 역사는 과거가 아니라 현재이다.

[신문계(新文界)]

다케우치 로쿠노스케(竹內錄之助)가 창간한 『신문계』는 친 총독부 성향의 계몽잡지로 최찬식, 백대진, 송순필 등 1900~1910년대 신소설 작가로 알려진 개화 지식인들이 이 잡지사에서 활동한 주요 인물이었다. '수족관관람기(水族館 觀覽記)'를 쓴 최찬식의 아버지인 최영년(崔永年)은 『경성일보』 주필이었다. 이 잡지의 후견인이었으며, 필자로도 참여했다. 신문계는 조선의 실업과 식산, 흥업을 기치로 실용지식 전파를 목적으로 발간했으며, 인천 수족관을 자세히 취재한 것도 이러한 활동의 일환으로 보인다.

[나카무라 요시헤이(中村與資平; 1880~1963)]

나카무라 요시헤이는 한국, 만주, 일본에서 활동한 건축가로 여러 곳에 많은 건축물을 남겼다. 그가 설계한 건축물 중에는 은행이 특히 많고, 우리나라에 현존하는 것으로는 예산호서은행본점(1913), 천도교중앙대교당(1921), 이왕가미술관(현 덕수궁미술관' 1937), 조선은행 군산지점 등이 있다. 1908년 서울로 이주하여 조선은행 본점 건축에 관여한 뒤, 조선은행 건축 고문으로 활동하면 조선은행 지점 여러 곳을 설계했다. 1922년 도쿄에 설계사무소를 개설하고, 일본으로 건너갔다. 1944년 건축사무소의 문을 닫고, 하마마쓰(浜松)로 이주한 뒤 1963년에 사망했다.

5. 신사(神社)로 가는 길에 있던 유흥가: 신생동

　　어둠이 내려앉은 신생동 거리. 네온사인으로 그려낸 간판 속 글자들이 존재감을 발하고 있다. 흑백의 야경 사진이어서 식별이 쉽진 않지만, 저 어둠 속에는 생각보다 다양한 정보가 담겨있다.

　　네온사인은 진공 유리관에 기체를 넣은 뒤 전기를 흐르게 하면 빛이 나는 원리를 이용해 만들어진다. 네온 기체와 전기가 반응하면 주황빛을 발하고, 질소를 넣으면 노란색, 헬륨 기체를 넣으면 분홍색을 띤다. 기체에 따라 다른 색을 띠지만 가장 널리 사용되는 기체가 네온이어서 '네온사인'이라고 통틀어 부르는 것.

　　우리나라에 네온사인이 처음 등장한 건 1920년대 후반이었다. 일본인 상인들이 자신들의 가게를 꾸미는 데 사용한 것이 시작이었다. 네온사인은 차츰 여러 도시의 밤거리를 수놓았다. 그러던 1938년 국가총동원법이 시행되면서 도시의 밤거리를 찬란하게 밝히던 네온사인은 그 빛을 잃게 된다. 전쟁과 직결된 자원은 물론 모든 물적 자원을 국가가 사용할 수 있도록 한 국

▲ [그림 3-25] 가로등과 네온사인으로 빛나는 신생동 야경. 상점 앞 진열장도 함께 빛난다. ③토야마(トヤマ) 모자점 간판이 있어 사진에 등장하는 거리가 현재의 개항로 166번길이란 사실이 밝혀졌다. 촬영시기는 다르나, [그림 2-21] 아래 사진과 같은 거리의 야경이다.

가총동원법. 그 대상에 조명용 물자와 연료와 전력 등도 포함돼 있었기 때문이다.

　해방 이후 국가총동원법에 붙잡힌 네온사인의 발목은 풀려났지만, 이번에는 열악한 전기사정이 문제였다. 그렇게 30년 가까이 자취를 감추었던 네온사인이 다시 등장한 건 1960년대 후반. 그러나 다시 찾아온 전성기는 1977년 오일쇼크로 10년간 네온사인 사용이 금지되면서 또 한 번 막을 내린다. 그 후 1980년대 중반부터 규제가 느슨해지고 88올림픽을 계기로 전국적으로 퍼지게 되며 20여 년간 호황을 누리다가 빛 공해를 일으킨다는 비난을 받으며 지금은 사양길에 접어든 상태다. 상대적으로 가격이 저렴하고 전력 소비도 적은 LED 광고에 자리를 내준 네온사인은 최근 '레트로(복고)' 감성이 유행하면서 이따금 눈에 띄기도 한다.

신포동 행정복지센터 뒤편에서 옛 금파로 이어지는 신생동 거리(개항로 166번길)의 야경이다. ③토야마(ト ヤ マ) 모자점은 현 중구 제물량로166번길 1-13(신생동 2-28)에 위치했던 상점으로 이 사진의 촬영위치를 결정지은 단서이다. 사가지 사진에서 간판을 읽는 작업은 이처럼 중요하다. 사진 우측 끝자리에 위치했던 금파는 어둠에 가려 보이지 않는다.

사카이 시게지로(坂井滋次郞)가 운영하던 토야마 모자점에서는 1939년 1월 어린아이가 난로를 갖고 장난치다 화재가 일어났다. 손해는 크지 않고 인명 손실도 없었으나 시가지는 혼란에 빠졌다.

[그림 3-25]의 ①은 신발가게, ②는 야운당 안경점(野雲堂眼鏡部), ③은 토야마 모자 가게이다.

야운당 안경점은 최용학(崔龍學, 1911.11.29.~?)이 1933년 평양에서 개업한 평양 야운당 안경원이 시초인데 나남, 청진, 함흥, 원산, 목단강, 길림 등지에 지점을 설치했다. 1939년 광학렌즈 공장을 개설하고 12월 15일 함흥부 본정 5정목 235번지에서 야운당 상사합자회사를 발족시켰다. 1940년에는 도쿄에 영업부를 두었고, 1941년 1월 23일 야운당 합자회사로 상호를 바꿨다. 인천에 지점을 연 시점은 명확하지 않다. 일본인이 득세한 중심 상업가에 조선인이 상점을 개업했다는 사실만으로도 눈길이 간다.

[그림 3-26]에 등장하는 광고는 마루이쿠 셋켄(マルイク石鹸)과 세이카쿠(誠鶴), 훈토타카(フンドータカ) 장유이다. '셋켄(石鹸)'은 '비누'의 일본식 표현. 마루이쿠 셋켄을 생산하던 회사 이쿠타 쿠미(生田組)는 송월동에 있었다.

『조선신문』1924년 10월 31일 자 기사는 이곳에서 생산하는 '마루이쿠 셋켄은 애경사 셋켄과 함께 우수한 품질을 갖추고 있다'고 보도했다. 같은 신문 1925년 5월 10일 자 광고에도 '이쿠타 쿠미'라는 회사 이름이 등장한다.

그런데 이듬해 1926년 1월 1일 자 광고에는 '애경 셋켄, 요이(ヨイ) 셋켄 이쿠타 쿠미(生田組)'라고 애경 셋켄과 이쿠타 쿠미의 이름이 함께 기재돼 있다. 이 당시 전화번호는 458번. 이 전화번호는 1928년 11월 13일 자 조선신문 광고에 애경사의 것으로 표기돼 있다. 1932년 1월 1일 자『조선신문』광고에도 458번이라는 전화번호가 등장하는데, 이때는 애경사가 애경 셋켄뿐 아니라 이쿠타 쿠미가 생산하던 마루이쿠 셋켄의 제조원으로도 기재된다. 아마도 1926년 무렵 이쿠타 쿠미가 애경사로 합병된 듯하다. 명성이 높았던 마루이쿠 셋켄은 합병이 되고 나서도 그 이름 그대로 한동안 생산된 것으로 보인다.

▲[그림 3-26] 간판과 광고판으로 가득한 신생동 거리를 활보하는 게이샤.

1928년 11월 27일, 인천부와 인천상업회의소 주최로 인천토산품 품평회가 열렸다. 인천공회당에서 열린 이 품평회에 애경사는 비누 62점을 출품했다. 토요켄, 노타(野田)장유 등 80명의 업자가 출품해 경쟁했다. 토요켄과 애경사는 공동 2등을 했다. 인천에 조선인이 운영하던 비누공장도 있었는데, 박성운(朴聖運)은 소화비누(昭和石鹼)를 출품하여 3등에 올랐다.

세이카쿠(誠鶴)는 옛 인천여자고등학교와 축현초등학교 사이에 있던 후카미(深見) 양조장에서 제조하던 일본 술의 이름이다. 그리고 훈토타카 장유는 다카스키(高杉)장유 공장에서 생산하던 일본간장이었다.

다카스키(高杉昇)는 1907년 만석동에 자신의 이름을 딴 다카스키 간장 공장(高杉釀造場)을 세웠다. 1924년에는 일본에도 진출해 전국에 20개 가까운 대리점을 두었고, 오사카에도 판매망을 구축했다.

인천에서 생산하는 각종 상품은 일본의 대도시에서 개최되는 박람회나 품평회에 출품되며 명성을 높였다. 일본, 대만, 홋카이도, 사할린, 만주, 중국, 미국, 인도 방면으로도 수출했는데, 인천에 입항하는 여러 나라의 군함이나 기선을 매개로 그 이름이 세계 각국에 퍼져나갔다.

조선신문사가 주최하는 시정 25주년 기념 조선산업 박람회에 출품한 상품은 현미, 백미, 단화, 우유, 소금, 면포, 비누, 간장과 같은 일상용품부터 청주, 소주, 못, 콩, 비단, 인삼, 석탄, 유리, 비료, 출납 장부, 살충제 등 실로 다양했다.

특히 인천의 간장 양조업은 한반도 전역에서 명성을 날렸다. 1931년 기준으로 인천의 간장 공장 수는 대략 10여 곳. 생산량은 1929년을 기준으로 약 50만m^3이었다. 그중에서도 높은 품질을 인정받은 건, 노다(野田)간장이 생산하는 '용(龍)'표 간장과 다카스키(高杉)간장이 생산하는 '고(高)'표 간장이었다. 이들 제품은 일본에서 생산되는 일류제품의 수준을 넘어섰다는 평가를 받을 정도였다.

인천에서 고품질의 간장이 생산되면서 일본산 간장 수입량이 급감했다. 도리어 만주에 21.6㎥ 정도를 수출할 정도였다. 그런데 인천은 어떤 이유로 간장 명산지가 되었을까. 인천의 간장 생산업이 발전할 수 있었던 첫 번째 이유는, 경기도나 황해도와 같이 인근에서 생산되는 우수한 품질의 콩과 소맥이 충분히 공급됐기 때문이었다. 또한, 중국에서 수입한 소금(원염)을 공장에서 제염했는데 그렇게 생산한 소금의 질이 무척 좋았다. 그리고 무엇보다도 인천항이라는 인프라 덕을 톡톡히 보았다. 저렴한 운송비로 한반도에서 생산되는 각종 농산물을 실어 나를 수 있었고, 중국과의 해상운송도 상대적으로 편리했던 까닭이다.

그러나 일제 강점 이후 인천은 점차 활기를 잃어갔다. 일본에서 인천으로 이주하는 일본인도, 서울에서 인천으로 이주하는 사람도 거의 없었다. 근대 개항기 최신 문물이 넘치던 인천은 어느새 옛말이 되고, 더는 근대문화의 공급기지가 아니었다. 서울과 부산 같은 대도시가 '모던 도시'로 탈바꿈하는 동안 인천은 20세기 초반의 모습 그대로 남아있었다. 사진에서와 같은 모더니즘 상점 건물은 소수에 불과했다.

[미용의 상징이자 감성의 매개체이던 비누]

우리나라에서 처음 사용된 서양식 비누는 프랑스 신부 펠릭스 리델이 가져온 '사봉'. 천주교 박해로 옥에 갇힌 리델 신부는 1878년 2월 1일 일기에 '비누로 손을 씻을 때 생기는 거품을 보고 옥졸이 놀란다.'라고 썼다. 이 땅에서 서양식 비누가 쓰였다는 첫 기록이다.

비누의 대중화는 그로부터 140여 년이 지난 1910년대에 이뤄졌다. 인천을 비롯한 전국 각지에 '셋켄(石鹼)'이라는 이름으로 비누가 대량생산되었고, 대도시를 중심으로 위생 의식과 소비문화가 확산하면서 비누는 일상 생활용품으로 자리 잡았다. 이때까지는 비누를 셋켄이라고 했다. '비누'는 우리말 '비노'가 변한 말이다. 조선 시대 빨래를 비빌 때 사용한 콩, 팥, 녹두 가루를 비노라 했다.

은은한 향기를 전하는 비누가 우리 일상 속에 자리 잡은 지 한 세기가 넘어간다. 1960년에 발표된 강신재의 단편소설 '젊은 느티나무'는 '그에게서는 언제나 비누 냄새가 난다'라는 문장으로 시작된다. 주인공 소녀의 풋풋함을 표현하기에 비누 향기는 안성맞춤이었다. 오늘날의 비누에 비하면 향기가 강렬하지도 않고 지속력도 떨어졌겠지만, 그래서 더 호감을 전했을지도 모르겠다.

단순한 위생 도구를 넘어 사람 간의 감성을 자극하기도 했던 비누. 그런 비누가 피부 노화를 촉진한다는 이유로 일상에서 조금씩 소외되는 것 같더니, 최근 들어 다시 위생과 방역의 최전선에서 활약하고 있다. 비누의 주 기능인 계면활성이 바이러스의 막을 녹여 바이러스의 확산을 막아준다는 이유에서다. 21세기 전 세계를 위기로 몬 코로나19가 근대기 위생과 미용의 상징이던 비누의 가치를 새롭게 부각시키고 있다.

6. 한국 화교 역사의 출발점: 선린동

(1) 의생성호(義生盛號)

일본 나가사키에서 태어난 화교 주우허린(周鶴林)은 개항 초기 인천에 의생성호라는 상점을 연다. 나가사키에 본점을 둔 무역회사 '의생성호'의 한국 총판이었다. 주우허린은 일본어와 영어가 유창했고 무역업만 한 게 아니라 따로 농원도 운영했었다.

인천의 일본인들은 중국 상인을 싫어하는 경향이 강했는데, 주우허린을 바라보는 시선만큼은 달랐다. '중국 상인 중에서도 상권이 넓고, 신용이 두텁다'라고 평가했다. 주우허린은 일본에서 태어났지만, 조상의 고향이 광동 개산현(開山縣)이라서 '광동 상인'으로 분류되는데, 1898년 목포 조계지 경매에도 참여했을 정도로 한반도를 종횡무진하며 사업을 펼쳤다.

의생성은 근대 개항기 제국신문과 황성신문에 실린 광고로 유명하다. 인천항 사립소학교 설립 때는 기부금을 내기도 했다. 일제강점기엔 자체 발행한 복권을 판매하기도 했는데, 언제 문을 닫았는지는 정확히 밝혀지지 않았다.

▲ [그림 3-27] 중화루(옛 대불호텔)에서 촬영한 청관 거리.

광동요리로도 이름을 떨쳤던 의생성은 일제강점기 신문에 광동요리 판매 광고를 게재했고, 사진 자료 속 간판에서도 '광동요리(廣東料理)'라는 글자가 보인다[그림 3-27].

1983년 당시 이 건물은 '수정'(壽亭)이라는 요정으로 쓰였고, 이후 '사파리'라는 고급술집으로 사용됐다. 2000년대 들어서는 중국음식점 '태림봉' 별관으로 쓰이다가, 2012년 11월 29일부터 화장품 판매점 '휴띠끄'가 들어섰다. 이곳에선 중국인 관광객을 상대로 국내 유명화장품과 인천에서 생산되는 화장품을 팔았다. 인천시는 영업장 임대보증금과 리모델링 비용을 지원했으며 ㈜인천헬스뷰티기업협회가 운영하다 문을 닫았다.

지금의 의생성호 건물이 언제 세워졌는지는 명확하지 않다. 다만, 아오야마(青山好蕙)가 1892년에 발간한『인천사정』에 '중국인들의 가옥은 대부분 서양식을 모방해 매우 볼만하다'라고 서술돼 있는데, 이 책에서 의생성호 건물도 언급하고 있는 것을 볼 때 적어도 1892년 이전에 세워진 것으로 추정된다. 그동안 여러 차례 리모델링을 하여 원형을 찾기 어렵지만, 정면의 그리스 양식을 모방한 4개의 석조기둥과 2층 테라스는 원래의 것으로 보인다.

(2) 동흥루는 언제 송죽루가 되었나

중화루, 동흥루, 공화춘. 인천 사람이라면 누구나 한 번쯤은 들어본 중화 요리점일 것이다. 그 자체로 한국 중화요리의 역사라 할 만큼 나름 유서가 깊은 곳들이다. 1930년 당시 인천의 고급 중화 요리점은 8개소. 연간 매출액이 중화루는 8만 원, 동흥루는 2만 원, 의생성은 5천 원이었다. 이때 공화춘은 순위에 끼지 못했다.

동흥루는 훗날 송죽루로 이름이 바뀌는데 그 시기가 명확하지 않다. 1924~1925년경 '동흥루에서 노동자친목회, 청년연맹친목회 등이 열렸다'라는 기록이 남아있는 것으로 보아 이 무렵까지는 동흥루라는 이름을 쓰고 있었던 것으로 보인다.

동흥루가 있던 곳은 1930년 4월 25일 자『경성일보』광고에

'선린동(지나정) 2번지'로 기재돼 있다. 그런데 이곳은 사진 속 동흥루가 있던 자리(선린동 5번지)가 아니다. 바로 그 이듬해에 발간된 자료에서 동흥루의 위치가 또 달라진다. 1931년 요네자와 코오지(米澤康司)가 조선미술전람회에 출품해 입선한 작품에서 벽돌조 2층 건물에 걸린 '동흥루'라는 간판을 볼 수 있다. 이 벽돌조 2층 건물은 청일조계지 계단 좌측에 있는 2층 3호 연립주택으로 현존하는 곳이다. 1930년 5월 이후에서 1931년 사이 어떤 이유에서인지 벽돌조 3층 건물을 송죽루에 넘겨준 동흥루는 선린동 2번지를 거쳐 청일조계지 계단 옆집에 자리를 잡은 것으로 짐작된다. 1934년 1월 '인천경찰서는 구형 술잔을 이용하여 부정한 이득을 얻었다는 이유로 동흥루를 소환 조사했다'라는 기록이 남아있는데, 이 기록에서 동흥루는 적어도 1934년 1월까지는 영업했다는 사실을 유추할 수 있겠다.

동흥루가 처음 자리를 잡았던 선린동 5번지의 벽돌조 3층 건물은 150평 대지에 세워져 있었는데 1935년 당시 부동산 가치는 1만5천 원이었다. 인천화상회의가 1942년에 작성한 인천화교 세대별 명부에는 따르면 당시 인천에서 가장 큰 중화 요리점은 25명의 종업원이 일하던 중화루였다. 다음으로는 종업원 22명의 송죽루, 종업원 14명의 공화춘이 뒤를 이었다. [그림 3-27]은 동흥루가 영업하던 시기에 촬영된 것으로 대불호텔에서 내려다본 모습이다.

동흥루가 등장하는 초창기 사료는 무역업에 대한 것이다.

1892년 동홍루는 인천의 청국 영사관을 통해 인천해관에 손해를 배상하라고 요구한다. 인천해관 화물 검사소인 검화방(驗貨房)에서 비단 화물 1건이 유실되었다는 것이다.

당시 인천해관에 들어오는 모든 화물은 해관 창고(海關廠房)로 옮겨 화물 검사자(驗貨人)가 검사를 마칠 때까지 대기해야 했다. 화물검사는 평일은 6시, 토요일에는 오후 4시까지 이뤄졌고 일요일엔 검사하지 않았다. 화주는 세무사가 발급한 통관 허가증(放行執照)이나 도장이 찍힌 하역 화물목록(下貨收單)을 받아서 해관 창고 건물을 관리하는 사람에게 제출해야 비로소 화물을 밖으로 운반할 수 있었다.

동홍루의 손해 배상 요구에 대해 인천해관은 손해를 배상할 수 없다고 했다. 화주가 화물관리인으로 지정한 소년 2명이 제대로 관리하지 않아 발생한 사고이므로 인천해관은 책임이 없다는 것이다. 그러면서 분실한 화물에 대해서도 관세를 납부할 것을 요구했다.

이에 동홍루는 부당한 처사임을 주장했으나, 분실물을 배상하지 않는다는 규정에 따라 배상은 이뤄지지 않았다. 당시 이를 담당했던 조선 측 관리는 가선대부(嘉善大夫) 호조 참판 함(戶曹叅判銜) 서리 총세무사(署理總稅務司) 쇠니케(史納機: J. F. Schoenike)였다.

7. 응봉산 북쪽에 들어선
술 공장과 사택: 송월동

    자유공원이 있는 응봉산은 근대 개항기 인천의 중심이었다. 그런데 응봉산 남쪽 경사면 현재 인천 중구청을 중심으로 한 지역에 관해선 널리 알려진 데 반해 북쪽 지역 이야기는 상대적으로 덜 알려졌다. 응봉산 북측 경사면에 위치한 송월동은 개발이 더딘 편이었고, 혐오시설로 분류되는 쓰레기 소각장이 있었던 것도 그 이유일 것이다.

    우선은 과거 송월동의 면면부터 살펴보자. 일제강점기 송월동 1가는 오물처리사무소와 마구간, 공장, 관리자 사택이 뒤섞여 있던 지역이다. 마키 도시이치(槇利市)의 별장(송월동1가 7), 곡물검사소장 우에야마의 집(上山雄次郎, 송월동1가 8), 나카야마 술통공장(中村製樽所) 지점(송월동1가 10), 이츠노(伊津野) 상점, 대화조 마구간(송월동1가 13번지), 인천부 오물소제 사무소(송월동1가 14), 요시카네 주조장, 조선우선회사 출장소장의 집(송월동 1가 16번지) 등이 있었다. 요시카네 주조장이 있던 곳에는 현재 송현아파트가 들어서 있고, 마키 도시이치 별장 터는 연립주택과 2층 주택지가 되었다. 곡물검사소장 집이 있던 자리는 주차장으로 사용되고 있다.

마키 도시이치는 중구 선린동 46번지에서 상점을 경영했다. 1912년에 창업한 회사로 식품, 담배, 석탄, 구멍탄, 맥주, 정종 등 다양한 상품을 판매했다. 나카야마 술통공장 지점은 일본에서 술통을 제작했던 나카무라(中村龜吉)가 1919년에 창업한 술통 제조업체이다. 이츠노 상점도 술통제조회사로 1925년에 창업했다. 술통제조업체가 송월동에 들어서게 된 것은 요시카네 주조장과 관련 있을 것으로 보인다. 이 일대에 있는 송월아파트는 1980년 7월에 세워졌다.

요시카네 주조장은 1906년 인천 송판정(현 송월동)에 요시카네 기사부로(吉金喜三郎)가 창업한 청주 양조장으로, 키마사무네(喜正宗)가 주력 상품이었다. 요시카네는 1919년 10월 타쿠합명회사(宅合名會社) 인천지점을 매입해 아사히(朝日) 양조주식회사를 설립했다. 한때 대불호텔 건물을 인천지점으로 사용했던 타쿠합명회사는 1896년 타쿠 토쿠헤이(宅德平)가 일본 오사카(大阪)부 사카이(堺)시에 설립한 양조장이다. 타쿠합명회사 인천지점은 1906년 7월 도산정(현 도원동) 47번지에 공장을 세우고 타쿠마사무네(宅正宗), 코우부(光武) 등의 청주를 생산했다. 1907년 9월 순종의 즉위식에 청주를 궁내부에 진상하는 등 사업을 확대했으나, 이후 품질이 나빠져 경영악화로 요시카네가 매입하기에 이른다.

아사히 양조의 송월동 공장은 훗날 청주공장으로, 도원동

공장은 소주 공장으로 특화한다. 특이한 점은 요시카네가 가장 많은 주식을 보유했음에도 대표이사는 구기모토 도지로(釘本藤次郞) 등 다른 사람이 맡았다는 것. 구기모토는 1895년 인천에 와서 철물 행상을 하다 서울로 옮긴 뒤 '경성의 철물왕'이란 칭호가 붙을 정도로 크게 성공한 인물이다.

8. 고개 너머 관사 마을: 전동

 인천 전동을 중심으로 한 응봉산 고개 너머 동북 지역도 근대 개항기 역사 연구 분야에서 미지의 영역이다. 인천전환국과 공설운동장 정도만 알려졌을 뿐, 이 지역의 당시 모습이 담긴 그림엽서도 소수에 불과하다.

 [그림 3-28]은 그 몇 안 되는 그림엽서 중 하나이다. 전동, 인현동, 화평동과 바다 건너 송현동과 송림동 일부분이 보인다. 철길 남쪽 지역인 전동과 인현동 일대는 도로구획도 명확하고 전신주도 서 있는데, 철길 북쪽 조선인 마을은 도로도 전신주도 보이지 않는다. 배수지 관리를 위해 개통한 도로의 윤곽만 뚜렷할 뿐.

 이 엽서는 사료로서 가치가 큰 편이다. 매립 이전의 동구 지역 해안선도 상당 부분 확인할 수 있고, '1911년 7월 19일'이 찍힌 일부인은 이 엽서가 제작된 시기를 알려준다. 또 일제 강점 후에도 'Chemulpo Corea'라는 명칭이 쓰였다는 것도 알 수 있다.

 전동은 홍예문에서 내려오는 굽은 길(사진 가운데 직각 형태의 길)을 기준으로 용도가 갈린다. 위쪽은 관사 마을이고 아래쪽은 공장지대이다. '관사 마을'에는 인천우편국장 관사, 인천해사출

Key Map

조선인마을(화평동)

인천여고

체신국 관사

인천세관 관사 단지

View of direction Chuken Chemulpo, Kore

건축가의 엽서

254

배수지　　조선인마을(송현동)　　마츠다야(贈田屋) 양조장　　조선인마을(송림동)　　축현역

후카미(深見)양조장
미야자키(宮崎)양조장

축현초등학교

후카미단무지
(深見漬物)공장

야마토(大和)양조장

朝鮮 仁川 港 杻 崍 附近 の 光景

▲ [그림 3-28] 전동, 화평동, 송림동 일대의 모습이다. 사진 아래쪽 일본식 가옥은 인천세관 관사이다. 가운
데 위치한 ㄷ자형 도로 아래 지역에, 후카미 토라이치(深見寅市)는 응봉산에서 내려오는 물을 이용해 양조
장과 단무지 공장을 세웠다. 우표에 1911년 7월 19일이라는 일부인이 찍혀 있다. 이 사진이 그 이전에 촬
영된 것이라는 사실을 알려주는 단서이다.

장소장 관사와 인천세관원 관사 등이 있었다. 굽은 길 아래 벌판처럼 보이는 곳에 공장이 들어선다.

사진을 세로로 삼등분했을 때, 오른쪽 ⅓ 경계선쯤에 보이는 직선 모양은 개울이다. 응봉산에서 내려오는 물이 바다로 흘러가는 물길이다. 이 물길이 있어, 이곳에는 물을 많이 필요로 하는 후카미(深見), 미야자키(宮崎), 야마토(大和), 마츠다야(贈田屋) 양조장과 후카미 단무지(深見漬物)공장이 들어설 수 있었다. 후카미 단무지(深見漬物)공장 터에는 2021년 10월 옹진군 인재개발원이 운영하는 제2 옹진장학관이 완공되었다. 장학관 건설 과정에서 철거 위기에 놓였던 후카미 단무지 회사의 사무실 겸 숙소는 인천시의 적극적인 조치로 보존하기로 결정되었다. 그런데 후카미 단무지 공장 사무실 조사과정에서 상량문이 발견되었다. 이 상량문에 '후카미 토라이치(深見寅市)가 1939년 6월 23일에 세웠다'는 기록이 남아있었던 것. 이로써 양조장을 운영하던 후카미가 단무지 공장도 세웠다는 사실이 밝혀졌다.

후카미 단무지 공장은 해방 후 진태완(陳泰腕)이 인수해 단무지 생산을 이어나갔다(經濟年鑑(1949년판), 朝鮮銀行調査部, 국사편찬위원회 한국사 데이터베이스). 일제강점기에 사용되었던 회사명이나 상호는 해방 후에도 한동안 그대로 사용됐다.

후카미 토라이치는 후쿠오카(福岡)현 아사쿠라(朝倉)군 출신으로 아버지와 함께 1897년 신생동에서 탁주 양조사업을 시작했다. 후카미 양조장이 인현동으로 이전한 시점은 명확하지 않다. 이 양조장에서 '세이카쿠(誠鶴)'라는 상표를 달고 출시한 청주의 품질이 매우 우수했던 것으로 전해진다. 조선에서 생산된 상품 중 1등을 차지했고 각종 전람회와 품평회에서 항상 우등상을 차지해 최고 명예인 금패와 상장을 받았다. 그는 1939년 5월 인천상공회의소 회장에 취임했고, 인천부의회 의원, 인천신사 총대, 인천주조조합 이사를 맡았으며 인현동(龍岡町)을 비롯한 여러 동의 총대를 맡았다.

그는 또 일제에 충성한 사람이었다. 1940년 2월 해군에 비행기 건조비를 헌납해 월미도에서 '심견호(深見號)' 헌납식을 열었고, 1945년 1월에는 '심견2호기' 제작기금을 일본 해군에 바쳤다. 그의 외아들은 '요카렌(豫科練)'에 입대했다. 요카렌은 '해군비행예과연습생(海軍飛行予科練習生)'의 약어로 비행기에 폭탄을 싣고 미군 함정에 자폭하던 이른바 '가미카제(神風)'이다.

9. 조선인 마을에 있던 일본불교 순례길

　　일본불교 종파 중에 '진언종'이 있다. 입적하고 난 뒤 '홍법(弘法)'이라는 시호를 받은 일본의 승려 구카이(公海, 774-835)가 806년에 세운 종파인데, 그는 당나라 장안에 있던 청룡사에서 혜과(惠果)로부터 진언밀교를 배웠다고 알려졌다. 그런데 이 진언종은 '인천신사국팔십팔영장'과 직접적인 관련이 있다.

　　일본 진언종이 우리나라에서 맨 처음 포교를 시작한 곳은 부산이었다. 1898년 5월 부산광역시 중구 해관로 82(大倉町 4丁目 58)에 금강사(金剛寺) 대사당(大師堂)을 세웠다. 1910년 4월 13일에는 사찰에 '고야산금강사(高野山金剛寺)'라는 이름이 주어졌고, 1914년 5월 10일 본당이 완공되었다. 뒷산에는 신사국 팔십팔영장을 설치했다. 대사당은 일본 진언종 사찰건축의 고유한 특징이다. 홍법대사 존상을 안치하는 곳으로 불상을 안치하는 본당과는 다른 건물이다.

　　인천 진언종은 부산 금강사가 1899년 3월 21일(음력) 인천에 설치한 출장소가 그 시원으로 나중에 편조사가 된다. 다음 해인 1900년 3월에는 호리(堀) 소유의 땅을 임대하여 건축을 시작했고 4월 21일 완공했다. 1906년 4월과 1916년 6월에도 각각 건물

▲ [그림 3-29] 일본 대마도 신사국 영장 석불.

을 신축한 기록이 전해지는데, 어떤 건물을 세웠는지는 명확하지 않다. 정황상 1900년 4월에 세워진 건물이 대사당으로 추정된다.

인천광역시립박물관 옥외전시장에는 '부도일력루납지(敷島一力樓納之)'라는 명문이 새겨진 돌기둥이 있는데, 이는 인천 중구 인중로144번길 31-19에 있던 것으로 편조사 후문 문설주로 쓰였던 석재이다.

일본불교의 특징 중 하나인 성지순례는 약 1,200년 전부터 시작됐다고 한다. 이 순례의 배경에는 입정(入定) 신앙이 있다. 미륵보살이 세상에 나타날 때까지 홍법대사가 일본 고야산에서 살아있는 보살로서 세상을 구제한다는 믿음이 밑바탕에 깔

려있다. 즉, 홍법대사는 사망한 것이 아니라 석가모니의 열반과 미륵불 도래 사이 어느 중간시기에 중생을 구제할 거라는 것이 다. 그러므로 신자들은 홍법대사가 있는 고야산을 참배하고 이곳에 봉안함으로써 구원받을 수 있다고 믿는다. 거주지를 쉽게 떠날 수 없던 과거 봉건국가 시대에도 백성들의 순례만큼은 허용되었다고 하니, 이 믿음이 얼마나 절대적이고 보편적이었는 지 알 수 있다.

여러 순례길 가운데 가장 유명한 '사국팔십팔영장'은 총 길이가 1,200km에 달한다. 번외영장까지 합치면 1,400km 정도가 된다. 도보로 순례하는 데 두 달이 넘게 걸리는데도 참여하는 사람이 연간 수만 명에 이르고, 그중 전체 여정을 순례하는 사람 또한 상당하다고 한다.

그러나 서민들이 일상을 벗어나 몇 달 동안 순례길에 오르는 건 그때나 지금이나 간단한 일은 아니다. 그래서 전통적인 순례 외에 '우츠시(うつし) 순례'라는 것이 등장하게 된다. 전통적인 순례길에 오르기에는 경제적으로나 지리적으로 접근하기가 어려운 경우, 지역의 영장을 순례하는 것을 우츠시 순례라 한다. 우츠시는 사국팔십팔영장을 복제한 것으로 보통 '신사국(新四国)'이라는 명칭이 붙는다[그림 3-29].

우리나라에 세워진 신사국 영장

우리나라에도 사국 영장이 복제되었다. 일본 본토에서 멀리 떨어져 사는 일본인들에게 신사국 영장은 더욱 절실하게 필요했을 것이다. 우리나라의 신사국 영장은 대부분 팔십팔개소 본존불을 축소해서 만든 불상을 안치하는 방식이었다. 구체적인 사실을 뒷받침할 만한 자료가 발견되지 않은 상태여서 정확하진 않지만, 현재까지 필자가 확인한 우리나라의 신사국 영장은 전부 여덟 곳. 하지만 정황상 더 많은 수의 신사국 영장이 있었을 것이다.

우리나라에서 신사국 영장이 설치됐던 지역은 두 가지 공통점이 있다. 개항장이어서 일찍부터 일본인의 발호가 극심했던 지역이었고, 지금도 일본인의 흔적이 상당히 많이 남아있는 도시라는 점이다.

부산에는 부산 금강사 뒷산 신사국 영장을 포함해 두 군데 이상이 조성돼 있었다. 해마다 3월 홍법대사 법요식이 있던 날에는 시내에 위치한 요정에서는 영장 참배객에게 다과를 제공했다. 현재까지 확인된 자료를 근거로 하면 금강사가 설치한 신사국 영장이 한반도에서 가장 먼저 설치된 신사국 영장이다.

현존하는 신사국 영장과 관련한 석불은 마산 성덕암과 해은사 경내, 제일여고 교정에 있다. 하지만 마산에 신사국 영장이 설치돼 있었음을 증명할 만한 문헌 자료를 아직은 발견하지 못한 상태이다. 따라서 마산에 신사국 영장이 설치돼 있었다고 단언할 수는 없다. 마산에 석불이 남아있고, 1930-40년대 마산에서 활동하던 일본인 사업가들이 성덕암이 소장하고 있는 신사

成北五勝その二

双燕山（清津府）高野
山八十八ヶ所の參道が
松林を縫ふてこの山を
一と巻きとし、清津灣
を眼下にす

▲ [그림 3-30] 청진 신사국 영장 석불: 쌍연산.

국 영장 석불에 시주자로 명기돼있으므로 마산에도 신사국 영장이 설치돼 있었을 가능성이 크다.

목포 유달산 신사국 영장도 유명하다. 유달산 바위에 부조된 부동명왕상과 홍법대사상, 불상이 설치되었던 좌대와 더불어 불상도 다수 현존한다. 홍법대사와 부동명왕이 함께 봉안되는 것은 일본 진언교의 특징으로 부동명왕은 홍법대사의 수호신이다. 인천 신사국 영장에서도 홍법대사상과 함께 부동명왕이 봉안되었다.

군산의 동국사는 1909년 일본 조동종 사찰인 금강선사로 창건된 절이다. 현재 동국사에는 삼십삼관음영장이 남아있다. 동국사 영장은 앞서 소개한 다른 신사국 영장과는 다른 계통이다. 석불 배치 방식이 격식에 맞게 봉안된 것으로 보기에는 부족한 점이 많다. 아마도 다른 곳에 봉안되었던 석불이 이곳으로 옮겨진 것으로 추정된다.

북한에 있는 주을온천과 청진 쌍연산에도 신사국 영장이 설치되었다[그림 3-30]. 이외에도 원산과 같이 일찍부터 일본인이 자리를 잡았던 도시에도 신사국 영장이 설치되었을 가능성이 있다.

인천 신사국 영장

1923년 봄, 미스이(增井久吉), 기무라(木村傳三郎), 리키다케(力武嘉次郎) 이 세 사람은 지금의 인천 동구 송림동과 미추홀구 도화동(인천부 송림정 산10-1번지, 산11-1번지) 일대에 위치한 산에 신사국 영장을 세웠다. 2만여 평에 이르는 산 전체를 차지하는 규모였다. 홍법대사의 정신을 드높이고 불교적 심신 수양을 목적으로 한 이 신사국 영장을 설립하기 위해 미스이는 당시 인천에 살고 있던 일본인들을 상대로 모금을 했다.

석불은 일본 시코쿠 지방에 있는 도쿠시마(德島縣)에서 만들어왔다. 팔십팔개소 신사국 영장과 함께 서국삼십삼개소 영장을 모방한 관세음보살상 33체(석불)를 봉안했으며, 그 외에도 다수의 석불을 봉안했다. 그러다 보니 부처산 일대에 210여 기에 달하는 석불이 세워졌고, 결과적으로 인천의 또 하나의 명소가

道　　　　本　　（一）　　　所ケ八十八川仁　　所名鮮朝

▲ [그림 3-31] 길을 따라 영장 석불을 봉안한 인천 신사국 본도.

되었다[그림 3-31].

석불의 크기는 좌대석을 포함하여 1.5m 정도의 것이 가장 많 았고 3m에 달하는 것도 있었다. 1940년 가을, 미나미 총독은 미 스이의 요청으로 이 신사국 영장에 '신사국팔십팔개소(新四国 八十八ヶ所)'라는 휘호를 내렸다. 미스이는 이 휘호로 그 해에 일 본국 개국 기원 2600년을 기념하여 산 중앙에 기념비를 세웠다.

인천 신사국 영장 설치를 주도한 미스이(增井久吉)는 사국영 장이 시작된 시코쿠 도쿠시마 출신이었다. 그러니 아마도 어려 서부터 자연스럽게 성지순례 문화를 접할 수 있었을 것이다. 그가 인천에 신사국 영장을 만든 배경에는 어린 시절 그가 경험한 영장 순례가 영향을 미쳤을 것이며, 인천 신사국 영장 석불을 도쿠시마에서 만들어 온 것도 이와 관계가 있는 것으로 보인다.

재단법인을 신청할 당시 인천 신사국 영장은 인천부 송림정 산10의 1외 1필지(상인천역에서 동쪽으로 약 2㎞ 지점에 있는 작은 구릉에 위치)에 있었으며, 규모는 임야 71,801.69㎡(21,758평)에 달했다.

인천 신사국 영장 안에는 단층의 목조 함석지붕 불당 두 채가 있었다. 한 채의 규모는 96㎡(29평)이었고 다른 한 채는 10㎡(3평)이었다. 1916년 조선총독부가 만든 '사원 창립원 조사요령'에는, 사찰 규모와 관련하여 본당 규모를 83㎡(25평)가 넘게 만들 것을 요구하고 있다. 이 기준과 비교하면 인천 신사국에 세워졌던 불당의 규모가 상당한 것이었음을 알 수 있다. 또한, 불당에는 휘장과 꽃병, 촛대, 향로, 책상, 시계, 시주함 등이 갖추어져 있었다.

[그림 3-32]은 인천 신사국 불당 내부의 모습이다. 이 불당 위치에 대해 1970년대 대헌공업전문대학 이사장 집 자리가 절터였다는 증언이 있다. 이 건물은 현 인천재능대학교 본관을 지으며 철거되었다. 이곳은 현재 인천재능대학교 본관을 정면에서 바라볼 때 본관 2층 좌측 가장자리로 추정된다.

인천 신사국 영장이 조성된 산 전체에 벚나무, 단풍나무, 소나무, 참나무, 물억새(荻), 철쭉(躑躅) 등 많은 나무를 심었다. 이는 경관을 아름답게 만들기 위해서였다. 이 일대에 상당한 수준

▲ [그림 3-32] 인천 신사국 안에 설치된 불당 내부.

의 조경이 이뤘던 사실은 [그림 3-33]에서 엿볼 수 있다.

해방과 6.25는 많은 이들을 인천으로 불러 모았다. 가난과 난리를 피해 인천으로 밀려온 이들이 정착할 만한 곳은 조선인 거주지였던 송림동 일대. 인천 신사국 영장이 있던 부처산은 종교법인 소유였기에 개인소유의 토지에 비해 인천에 유입된 서민이 배척당하지 않고 정착할 만한 곳이었다. 이 지역은 어수선한 해방정국과 맞물려 여러 지역에서 다양한 경로로 찾아든 이들에게 점거되면서 불량주택과 묘지로 뒤덮이다시피 했다.

그러던 이 일대에 급격한 변화가 초래된 건 인천무선학교(현 재능고등학교)가 세워진 이후로 보인다. 인천무선학교는 개교

▲ [그림 3-33] 인천 신사국 본당 앞에 활짝 핀 벚꽃.

이후 주변의 불량주거지를 매입하면서 계속해서 확장해나갔
다. 능선을 파내 학교 건물을 짓고 운동장을 만들었다.

　인천 신사국 영장의 모습이 완전히 사라지게 된 건 선인재
단이 등장하면서였다. 선인재단이 산 정상을 깎아 여러 학교를
세우면서 인천 신사국은 옛 모습을 찾아보기 어렵게 되었다. 이
에 대해 『인천시사』는 '공원으로서의 시설은 전혀 없다'라고 기
록하고 있다.

　선인재단이 들어선 뒤 축대 붕괴 사고가 일어나 무려 26명
이 목숨을 잃는 안타까운 일도 있었다. 1990년 9월 11일이었다.
송림주공아파트(동구 재능로 86)는 당시 사고 수습 차원에서 이재

민을 수용하기 위해 건립한 아파트로서, 1998년 11월에 완공되었다.

이러한 풍파를 겪으면서 한때 210기가 넘었던 인천 신사국영장의 불상과 시설물이 흔적도 없이 사라졌다. 최근 몇 년 전까지만 해도 진입 계단으로 추정되는 시설물이 남아있었으나, 이마저도 동산지구 주거환경 개선사업으로 철거되었다.

인천중심지 건축지도

• 이 책을 읽는데 도움을 주기위해 작성한 지도로 특정시기를 기준으로 할 경우 명칭과 위치에 표기가 다를 수 있음.

묘도

외국인공동묘지

핫케이엔(八景園)

동양방적 인천공장
(동일방직)

일천(경성)전기

파울하우만주택
(사이토 별장)

월미도역

존스턴 별장 (인천각)

조선총독부 기상대

영국영사관
(벤네트 주택)   러시아 영사관

인천역

세창양행사택
(부립도서관)

인천공설운동장
(제물포고등학교)

마키 도시이치(槇利市)상점   공화춘(짜장면박물관)

세관장 관사
(한미수호조약 체결지)

경기도 수산회

원화잔(元和棧)대창반점

청국영사관(화교학교)

코노 주택
(인천시민애집)

인천세관
(두번째 청사)   의생성호

스튜어드 호텔

흥릉거양행

인천유치원

토목공영소

송죽루   순태(順泰)양복점

아키다 주택(銀水)   웬켈주택

58(安田)은행
지점장 사택

대불호텔(옛 중화루)   하나야 여관

노구찌 주택

18은행 지점장 사택

일본우선(주)   무라타니 선구점
(메리야스 공장)   대화조(팟알)

제1은행 인천지점   인접부청 (중구청)

이마무라 주택   라포트 주택   인천병원

미두취인소 창고

코오리(郡)회조점   코오리(郡)주택

제58(130)은행 인천지점   아사오카 여관

오레당주택   데쉴러 주택   신동공사
(인천병원장 관사)

조선식산은행 창고   스키노 상점
사토요네지로의 집   시부카와 엽서점

하다 인쇄소   킨로(金露)   오사카 신문 지국   모오스 주택   인천공학

산업은행 창고   곡물검사소   다카스키(高杉)상점   세창양행

야마모토 기모노
(미쓰코시 인천점)   카와구치
(川口)병원   인천경찰서

인천곡물협회
(경인일보/인천일보)

아케마쓰(池末)상점 (인천건축사회관)   교도(協同)해운   쯔보이 이발소   만다(万田)페인트   타운센드 정미소 터

야마구치 운송점   아키다 상회(중화루)

경성일보   후루다 양품점(버텀라인)   코노 상회(진흥각)   타운센드 저택

첨일(상업)우행(인천문화원)   인천미두취인소   나카무라 운송점   이우에(井上)상점   코다니(小谷)고무신 가게

인천자동차   마츠야 호텔점   우치즈치(초)   미나카타(南方)상점

닛타(新田)중매점   이와야 철물   호사미즈(星光)   히라노 상점/신외과 의원

해사회(海事會) 지부   식산은행   타이쇼(大淸)과자   인천기선(주)   만세이안 우동

야스우라(安浦)   치시마 정종   객주조합/기세(木瀨)병원
(신한은행)

나시키 상회

옛 인천우체국   오가와(小川)중매점
노구지 상회   일선해운
(선광미술관)   이와사키(岩崎)상점   금파(金波)

기쿠스이(菊水)상회

니시노이리(西野入)병원

마츠다야(贈田屋)주점   키쿠주도(菊泉堂)과자점

조선우선   초다(津田)상점

인천화물 취급소

벤네트 상사   토이마(戶山)모자점   오치(越智)상점   키모토(河本)가구점

인천세관(다섯번째 청사)   오사카 상선   가부키 좌   메이지야(明治屋)
(신포동 행정복지센터)

어토 양품점